Andi Weiss

Heimat – oder die Kunst,
bei sich selbst zu Hause zu sein

Heimat

Andi Weiss

oder die Kunst, bei sich selbst zu Hause zu sein

adeo

FSC
www.fsc.org
MIX
Papier aus verantwortungsvollen Quellen
FSC® C014496

Verlagsgruppe Random House FSC-DEU-0100
Das FSC®-zertifizierte Papier *Munken Premium Cream* für dieses Buch lieferte Arctic Paper Munkedals AB, Schweden.

1. Auflage Februar 2011
2. Auflage Juli 2011
Bestell-Nr. 814 228
ISBN 978-3-942208-28-4
Umschlaggestaltung: Buttgereit & Heidenreich GmbH, Haltern am See
Satz: Marcellini Media GmbH, Wetzlar
Druck und Verarbeitung: GGP Media GmbH, Pößneck
Printed in Germany

Inhalt

Herzlich willkommen!

Noch dieses letzte Waldstück, dann kommt links die Brauerei, in der ich als junger Ferienarbeiter gutes Geld verdient habe, dann – eine Kurve später – sieht man schon von Weitem die Silhouette meiner Heimatstadt. Gleich kommt links der Bauernhof, bei dem wir als Kinder immer Milch geholt haben, die weiten Felder mit dem tiefgrünen, saftigen Löwenzahn am Rand – gutes Futter für unsere Hasen. Jetzt ist es nicht mehr weit. Der Zug donnert über die letzte Brücke, unter uns der Kanal, links sehe ich schon unsere Siedlung, in der ich aufgewachsen bin. Wir fahren in den Bahnhof ein. Noch ein letzter Ruckler – eigentlich drei – es sind immer drei –, bis die Waggons quietschend zum Stehen kommen. Ich packe meine Taschen und steige aus dem Abteil. Meine Eltern erwarten mich am Gleis – große Wiedersehensfreude – hier bin ich Zuhause. Das ist meine Heimat. „Willkommen daheim!"

Diese Momente liegen nun schon mehr als ein Jahrzehnt zurück. Ich erinnere mich immer wieder gerne an die letzten Minuten der mehrstündigen Heimreise während meiner Ausbildung im fränkischen Rummelsberg. „Wenn ich 18 bin, ziehe ich aus!", hatte ich meinen Eltern bei Streitigkeiten oft an den Kopf geknallt. Dann wurde ich volljährig und musste wirklich ausziehen. Die einzige Möglichkeit, sich in Bayern zum Diakon ausbilden zu lassen, lag weit über die oberbayerische Grenze hinweg tief im Frankenland.

Mehr als zehn Jahre später sitze ich wieder im Zug. Gerade habe ich meine Freunde im Wittekindshof, einer Wohngruppe für geistig und körperlich behinderte Menschen, besucht. Vor zwei Jahren hatte ich hier im hohen Norden schon einmal ein Konzert gespielt.

Im Haus werde ich von einem charmant lächelnden Herrn im schwarzen Anzug mit Fliege empfangen. Ihm fällt das Sprechen schwer. Ich verstehe nicht alles, aber seine Augen leuchten. Er geht heute Abend zu einem Konzert, sagt er mir stolz. Deshalb hat er sich schick gemacht. Klasse, sage ich – dann sehen wir uns ja dort! Er freut sich.

Gemeinsam treten wir vor das Haus. Gleich kommen die Bewohner von ihren Werkstätten zurück. Ächzend hält der Bus an der Haltestelle – ich werde umarmt, geküsst und herzlich begrüßt. Jeder möchte an meiner Hand gehen und so sind wir ein lustig-trolliges Menschenknäuel, das sich nun auf das Haus zubewegt. Zwei Jahre haben wir uns nicht gesehen – mir kommt es vor, als wäre es gestern gewesen.

Wolfgang, ein kleiner feiner alter Kerl, zerrt mich am Arm. „Komm!“, schnaubt er und zieht mich zu seinem Zimmer – natürlich werde ich mir wieder jedes Zimmer anschauen. Wolfgangs Zimmer ist als Erstes dran. „Schau!“, er zeigt auf sein Keyboard, nimmt seine Gitarre. Er greift einen Phantasieakkord, schlägt in die Saiten und lacht. „Jetzt du!“ Ich spiele auch einen Akkord – der genauso schief klingt wie der von Wolfgang. Er lacht. „Schau!“, sagt er und deutet auf Fotos seiner Freunde, auf Bilder und auf seine Urkunden – 25 Jahre wohnt er nun hier. Da stürzt Christoph aus seinem Zimmer. In der Eile hat er vergessen, seine Hose hochzuziehen. Er nimmt mich an der Hand und zeigt mir sein Reich. Wie schön, wie liebevoll und persönlich jeder hier seine eigenen vier Wände eingerichtet hat. Klasse!

Claus, ein anderer Bewohner, ruft: „Los, Andi Mainz, mein Zimmer möchte ich dir auch zeigen!“. Dort stehen schon Kartons zum Umzug bereit. „Das kommt weg – und das – das kommt weg – und das bleibt.“ Er zeigt auf die Dinge, die alle noch verpackt und verstaut werden müssen. Claus wird in den nächsten Tagen in eine eigene Wohnung ziehen. Darauf freut er sich schon.

Dann sitzen wir beim Abendbrot. Claus springt auf und ruft: „Ich möchte eine Rede halten!“. Und schon stellt er sich vor die Gruppe und sagt mit geschwollener Brust: „Ich möchte Andi Mainz ganz herzlich bei uns in der Gruppe begrüßen!“ „Weiss“, verbessert ihn Thomas, „das ist der Andi Weiss!“. „Also gut!“, sagt Claus, „wir begrüßen Andi Mainz ganz herzlich in unserer Gruppe. Und dann möchte ich euch noch sagen, dass ich jetzt eine Wohnung gefunden habe!“. Die anderen aus der Gruppe stöhnen. Claus hat schon seit Wochen kein anderes Thema mehr. „Dort werde ich selber kochen, ich werde selber putzen, ich kaufe selber mein Brot, ich kaufe selber meine Butter, ich kaufe selber …“

Er wird heute Abend auf der Bühne noch ein Lied mit mir singen. Das heißt, ich spiele ein paar Akkorde und Claus singt. Dieses Stück gibt es nicht wirklich, der Text ist in einer mir unbekannten Sprache. Stolz wird er auf der Bühne stehen. „Aufgepasst!“, wird er rufen: „Ich singe euch jetzt mal ein Lied! Alle herhören!“. Beifall. Ein wunderschöner Tag geht zu Ende.

Und schon sitze ich wieder im Zug nach Hause, bin fasziniert und gerührt – und fahre mit einem lachenden und einem weinenden Auge. Lachend weil ich durch diese Begegnung großartig beschenkt wurde. Gleichzeitig denke ich, schade – hier wäre ich gerne noch länger geblieben. Irgendwie habe ich mich hier sehr wohl, fast schon „wie zu Hause“ gefühlt. „Geht das?“, denke ich, hunderte Kilometer weit weg von meinem richtigen Zuhause. Können Menschen, die wirklich bei sich zu Hause sind, anderen Menschen ein Gefühl von Heimat schenken?

Aber halt, ich möchte nicht unhöflich sein! Zuerst einmal: Herzlich willkommen in Ihrem persönlichen *„Heimat-Buch"*.

In diesem Buch geht es um Sie. Ist das nicht toll? Also: *„Vorhang auf, Licht an! The stage is yours …!"* Sie stehen ein ganzes Buch lang im Mittelpunkt. Deshalb könnte auf der Titelseite des Buches auch Ihr Name stehen: Gabi, Brigitte, Hans oder Peter. Wie würde Ihnen das gefallen? Seien Sie nur nicht zu bescheiden!

Der bayerische Kabarettist Karl Valentin witzelte ernsthaft: *„Heute besuche ich mich selbst – hoffentlich bin ich daheim."* Was bedeutet es für Sie, bei sich zu Hause zu sein?

Während ich die ersten Gedanken zu diesem Buch aufschreibe, stelle ich mir vor, wo Sie dieses Buch wohl gerade lesen. Vielleicht sind Sie unterwegs? Im Flugzeug oder im Zug? Im Hotel oder auf dem Campingplatz? Vielleicht sind Sie sogar zu Hause? Martin Luther meinte einmal, wenn ein Mensch den Giebel seines Hauses sieht, dann muss ihm das *„Herze springen"*. Freuen Sie sich auf Ihr Zuhause, wenn Sie nach einem Arbeitstag im Auto den Heimweg antreten? Oder wenn Sie am letzten Urlaubstag im Hotel die Koffer packen und es wieder Zeit wird, in die Heimat zu reisen? Springt Ihr Herz, wenn Sie den Giebel Ihres eigenen (Lebens-)Hauses sehen?

Ich habe dieses Buch zuerst für mich selbst geschrieben. Ganz eigennützig sozusagen. Während des Schreibens ist mir vieles klar geworden. Ich habe in den letzten Jahren entdeckt, wo ich wirklich zu Hause bin. Das wünsche ich Ihnen auch.

Kommen Sie gut nach Hause!
Andi Weiss

1

Heimat

Was ist eigentlich Heimat?

Ich suche nach einer guten Definition und schlage im Duden nach: *„Heimat: die; Ort, Land, in dem jemand geboren wurde und mit dem er sich verbunden fühlt"*. Dann kommt mir ein Satz des Dichters Christian Morgenstern in den Sinn: *„Nicht da ist man daheim, wo man seinen Wohnsitz hat, sondern da, wo man verstanden wird."* Das löst den Begriff von der Erdscholle, bindet ihn eher an ein Lebensgefühl.

Im Englischen ist die „Heimat" auch mit dem Begriff „roots" – „Wurzeln" verknüpft. Das trifft es, finde ich, ganz gut: Heimat ist ein Ort, an dem ich *verwurzelt* bin.

Immer wieder machen sich Menschen auf die Suche nach ihren Verwandten, die sie aus verschiedenen Gründen aus den Augen verloren oder nie kennengelernt haben. Wenn jemand unter Tränen seinen leiblichen Vater in die Arme schließen kann, der sich vor 20 Jahren nach Amerika abgesetzt hat, dann werden solche bewegenden Momente in TV-Doku-Soaps vor laufender Kamera in Szene gesetzt. Endlich dort ankommen, wo ich zu Hause bin – in meiner Heimat. Diese Sehnsucht setzt Menschen in Bewegung.

Als kleines Kind hatten wir in unserer Siedlung verschiedene Spielmöglichkeiten. Da gab es einmal die „Hohe Wiese" – ein großes unbebautes Grundstück, ideal zum Hütten und Lager bauen – einfach ein Paradies für Kinder. Dann war da der „Kot-Berg“, der, Gott sei Dank, nur so hieß. Und dann gab es auch noch den großen Sportplatz mit einem Fußballfeld und Spielgeräten. Dahinter grenzte ein kleines Wäldchen unser Spielareal von den Eisenbahngleisen ab. Die Eltern mussten nie weit nach uns Kindern suchen. Auf der einen Seite waren die Bahngleise und auf der anderen Seite ein großer Kanal. Weit konnten wir also nicht kommen.

Eines Tages ging ich – ich war schon immer neugierig – hinter das besagte Wäldchen. Ich wollte etwas Neues kennenlernen. „Hohe Wiese“, „Kotberg“, „Sportplatz“ verlieren auch für ein kleines Kind mit der Zeit ihren Reiz und so ging ich durch das Wäldchen zu den Bahngleisen. Dort setzte ich mich auf die Schienen. Die Schottersteine waren tolle Bauklötze. Mit denen konnte man schöne Türmchen bauen. Völlig unbedarft spielte ich auf den Gleisen und war mir keiner Gefahr bewusst. Gott sei Dank entdeckte mich dort eine Frau auf den Bahngleisen. Zuerst schimpfte sie mit mir. Dann aber nahm sie mich auf den Arm. Ich hab natürlich kräftig geheult. Und dann hat sie mich gefragt, wo ich wohne. Meine Antwort war klar: „Bei meiner Mama!“. Das hat ihr auch nicht wirklich weitergeholfen. Sie hat sich dann in der Nachbarschaft durchgefragt und endlich haben wir mein Zuhause gefunden. Meine Mutter hatte mich schon überall gesucht und freute sich, mich endlich wieder in die Arme schließen zu können.

Wo bin ich zu Hause?

„Heimat ist kein Ort, Heimat ist ein Gefühl", singt Herbert Grönemeyer. Heimat ist nicht nur eine Straße, eine Hausnummer, ein Gebäude in einer Siedlung. Für mich war es als Kind klar, wo ich wohne – eben *„bei meiner Mama"*. Mauern und Steine waren nicht wichtig.

Oft macht nur der Verlust klar, wie wichtig es ist, so einen Ort tiefer Geborgenheit zu haben. Als kleiner Junge habe ich irgendwann das erste Mal bei meinem damaligen Schulfreund Max übernachtet. Vorher wurde kräftig gepackt und überlegt, was für diese große Reise nötig sei. Max wohnte immerhin hinter den Bahngleisen in der Nachbarsiedlung. Die Nacht wurde dann allerdings sehr kurz, denn meine Eltern mussten mich recht bald wieder abholen. Ich hatte einfach Heimweh, ohne dass ich das damals schon so benennen konnte.

Manchmal geht mir das noch heute so. Natürlich ist es anders als in meiner Kindheit. Aber in bestimmten Situationen kommt das alte Gefühl wieder hoch: Der Schmerz, der entsteht, wenn Vertrautes fehlt. Unterwegs entdecken wir plötzlich, was wir für Schätze zurückgelassen haben: einen liebenden Partner, gute Freunde oder einfach vertraute Dinge, die wir nun schmerzlich vermissen.

Wenn wir Gewohntes verlassen und Neuland betreten, macht uns die Unsicherheit Angst. Selbst das, was wir zu Hause in letzter Zeit eintönig fanden, wird nun zum begehrenswerten Ort unserer Sehnsucht. Theodor Fontane schrieb einmal: *„Erst die Fremde lehrt uns, was wir an der Heimat besitzen."*

Zurück zur Ausgangsfrage: „Wo bin ich zu Hause?".

Da ist zunächst der Ort, an dem ich aufgewachsen bin. Mein Elternhaus, der Ort, die Stadt, der Landstrich, die vertrauten Wege der Kindheit. Der kleine Kosmos der kindlichen Welt, den ich mir nach und nach erobert habe. Und dann sind da natürlich meine Eltern, die mir bei den ersten Schritten ins Leben die Hand gehalten haben. Meine Freunde und Spielkameraden. Nicht alles war perfekt, manche Brüche gehören zum Leben dazu.

Irgendwann bin ich aufgebrochen, habe mir selbst eine neue Bleibe gesucht, neue Freundschaften geknüpft, geheiratet. Heute denke ich, wenn ich an „Zuhause“ denke, an meine eigene Wohnung, in der ich, gemeinsam mit meiner Frau Martina, wohne. Ein Ankerpunkt, an den ich immer gerne von meinen zahlreichen Reisen zurückkehre.

Ich möchte mit Ihnen in diesem Buch auf die Suche nach Heimat, nach Ihrer und nach meiner Heimat, gehen.

Wo bin ich wirklich zu Hause? Was trägt und hält mich? Wo finde ich einen sicheren Unterschlupf, wenn die Wogen des Lebens hoch schlagen?

Heimatlos

Leider kann nicht jeder von sich sagen, dass er ein glückliches Zuhause, eine echte Heimat hat. Ganz abgesehen von denen, die – aus welchem Grund auch immer – keine feste Bleibe haben, sind viele auch an dem Ort, an dem sie wohnen, nicht wirklich zu Hause. Ich kenne einige, die als junge Menschen mit ihren Eltern so oft umziehen mussten, dass sie nirgendwo richtig ankommen konnten. Andere verbinden mit ihrem Elternhaus keine guten Erinnerungen, weil es zu oft Streit gab und Aggression und Gewalt an der Tagesordnung waren. Oftmals fehlt bis heute ein Bezug zueinander. Man ist froh, wenn man sich aus dem Weg gehen kann. Es war zu Hause einfach zu selten schön, als dass man sich gerne daran erinnert.

Andere haben früh ihre Eltern oder den geliebten Lebenspartner verloren und können das ein Leben lang nicht verkraften. Sie fürchten die Einsamkeit des Alleinseins, wenn sie nach Hause kommen. Sie wünschen sich einen liebevollen Partner, einen Freund, mit dem sie ihre Wohnung, ihr Leben, teilen können.

Auf der anderen Seite fliehen nicht wenige sooft sie können vor der häuslichen Situation, weil das Zusammenleben mit dem Partner eher schwierig geworden ist, weil Auseinandersetzung und Streit das gemeinsame Leben bestimmen.

Und ich denke an die vielen, die ihr Zuhause, das Land, in dem sie aufgewachsen sind, aufgrund von Krieg und Vertreibung unfreiwillig verlassen mussten.

Heimatlos – das klingt unwahrscheinlich einsam – und ist es auch.

Ich denke an Menschen, die meinen Lebensweg in den letzten Jahren gekreuzt haben. Menschen, denen ich oder die mir zum Wegbegleiter wurden – manchmal nur in einer kurzen Begegnung, manchmal während einer Reise über Monate und Jahre hinweg.

Meine Gedanken sind bei einer Frau mittleren Alters, deren Sohn ich vor wenigen Monaten beerdigt habe. Ihre Mutter hatte sich das Leben genommen, als sie sechs Jahre alt war. Nun hat sich ihr eigener Sohn umgebracht, weil er anscheinend keinen Ausweg mehr sehen konnte. Wie kann sie sich in ihrem Lebenshaus zurechtfinden? Wie bekommt sie neuen Grund unter die Füße?

Ich denke an die vielen, die sich, auf der Suche nach Erfüllung, große Luftschlösser bauen. Doch wenn das Fundament zu wackeln beginnt, bekommt das Lebenshaus Risse und droht einzustürzen.

Manche sind ständig unterwegs und kommen dennoch nirgendwo an. Ich denke an viele, die mir auf meinem Lebensweg begegnet sind: Globetrotter, Vielflieger, Weltenbummler, Durchstarter und Karriereleiterkraxler. Erfolgreiche und ewige Glückssucher.

Andere richten es sich zu Hause so gut es geht ein und finden dort, in ihren eigenen „vier Wänden" Erfüllung. Ich denke an die mit dem großen, gepflegten Garten, deren Häuser aussehen, als wären es Abbildungen aus „Schöner Wohnen", und auch an die, deren heruntergekommene Bleibe am Rande der Stadt verrät, dass ihr Leben ein täglicher Kampf ist. Sie alle versuchen, soweit es ihre Möglichkeiten erlauben, den Begriff „Heimat" für sich selbst zu gestalten.

Das Schicksal derer, die am Rande der Gesellschaft stehen, lässt mich nicht los. Obdachlose, die auf den Straßen sitzen und an unserer Türe klingeln, um ein paar Cent zu erbetteln. Menschen, die im Winter lieber die kalte Nacht unter der Brücke dem Obdachlosenheim vorziehen – manchmal auch, um der menschlichen Kälte zu entfliehen. Vertriebene und Heimatlose hier und dort.

Alle sehnen sich nur nach dem einen: zu Hause zu sein – wo immer das auch sein mag.

Nichts wie weg

Natürlich gibt es auch eine tiefe Sehnsucht, dem Alltag zu entfliehen und die „Seele baumeln" zu lassen. Die Urlaubsindustrie könnte dichtmachen, gäbe es nicht diese Sehnsucht in unseren Herzen. Aber ist dieses Fernweh nicht oft auch einfach nur eine Flucht? Und „entbaumelt" sich die Seele nach einer Urlaubsreise nicht schnell wieder in gewohnte Muster und Strukturen? Ich selbst bin fest davon überzeugt, dass es zu Hause wirklich am schönsten ist.

Auf der Suche nach Geborgenheit

Wenn ich zurückdenke, kommen mir Bilder von meinem Zuhause in den Sinn: mein Kinderzimmer, das Wickelpolster, auf dem ich als Baby gespielt habe und das wir heute noch aufbewahren, der große Tannenbaum voller Lichter an Heiligabend oder die „Lager", die wir in der „Hohen Wiese" hinter unserem Haus aus Ästen und Zweigen gebaut und mit Heu wie ein gemütliches „Nest" ausgepolstert haben. Wir brauchen Orte der Geborgenheit, als Kinder damals und auch heute als Erwachsene. Und es sind nicht nur Orte, die wir suchen. Wir brauchen Nähe und Wärme, Zuwendung und Liebe, um als Mensch dauerhaft bestehen zu können. Heimat ist weit mehr als der Ort, von dem wir stammen.

In meiner Schulzeit habe ich die Erfahrung gemacht, wie grausam andere sein können. Wegen meiner großen, abstehenden Ohren wurde ich „Dumbo“ und wegen meiner Brille „Brillenschlange“ genannt. Ich habe mitgelacht, wenn in der Schule Witze über meine Ohren gemacht wurden, die tatsächlich übergroß und abstehend waren. Ich hatte sogar die besseren Witze über meine Lauscher auf Lager und habe mich eingereiht in die Liste derer, die Späße über mich machten, habe mich dabei selbst verletzt – bevor es andere taten. Humor ist oft ein Mittel, um auf Distanz zu kommen. Kennen Sie das? Wir bauen Schutzwälle und ahnen dabei, dass Angriff die beste Verteidigung ist. Wir lachen laut, aber unsere Seele weint leise in uns.

Schnell war ich, der Schwache, auf der Suche nach noch Schwächeren. Nahm ich die dann auf den Arm, war mir die Anerkennung der Starken sicher – leider nur für kurze Zeit. Waren die Lacher verklungen, war ich selbst wieder die Zielscheibe.

Schon in jungen Jahren hatte ich meine erste und einzige Schönheitsoperation. Einen Tag nach meiner Konfirmation ging ich für ein paar Tage ins Krankenhaus und ließ mir meine Ohren anlegen. *„Wer schön sein will, muss leiden“* – aber das nahm ich in Kauf. Die Nächte im Krankenhaus waren grausam, oft wachte ich wegen der Schmerzen auf. Aber die körperlichen Schmerzen waren es wert, standen sie doch für mich in keinem Verhältnis zu dem, was meine Seele zu tragen hatte.

Der Alltag ist manchmal leider alles andere als „kuschelig“. Oftmals weht einem ein rauer, ein eisiger Wind entgegen. Dann ist es gut, zu wissen, wo man hingehört.

Vielfach steht heute das Äußerliche im Vordergrund. Der „legendäre“ Werbespot einer Bank spielt mit den Klischees eines erfolgreichen Lebens, wenn der Protagonist in geselliger Runde die Karten auf den Tisch blättert: „Mein Haus, mein Garten, meine Frau, mein Auto, mein Schiff…" Und der andere kann es sogar noch besser. Aber ist das alles, was zählt?

Sicher ist Erfolg und finanzieller Wohlstand ein Baustein für ein gelungenes Leben. Aber es ist bei Weitem nicht alles – und nicht das, was uns auf Dauer trägt.

Wie wichtig ist es, sich jemandem anvertrauen zu können, der ein offenes Ohr für uns hat, der mitleidet. Jemand, vor dem ich nicht angeben, nicht stark sein muss. Jemand, der mir den Arm auf die Schulter legt und mir ernst zu nehmenden Schutz verspricht.

Leider sind solche Menschen, die uns wirklich zuhören und Geborgenheit geben, an unserer Seite selten. Um das auszusprechen, was mich in meinem Innersten bewegt – welche Sehnsüchte ich habe, was mir Angst macht und was mich verletzt – brauche ich großes Zutrauen. Wer lässt den anderen gerne auf den Grund der eigenen Seele blicken, wenn er noch gar nicht weiß, wie dieser darauf reagiert?

Wie wichtig und heilsam ist es, wenn wir vertrauensvoll von uns erzählen dürfen. Von Träumen und Sehnsüchten, von dem, was uns bewegt, was uns freut und belastet – und nicht nur von dem, was uns gelungen ist … *„Mein Haus, mein Auto, mein Garten"*.

Es ist gut, rechtzeitig zu klären, was wesentlich ist: Wo flüchte ich hin, wenn die Stürme des Lebens um mein Haus wehen? Wer oder was gibt mir Schutz? Wem kann ich mich anvertrauen? Welche Orte verschaffen mir das Gefühl der Geborgenheit? Es hängt nicht immer am Besitz, wie eine alte Legende wunderbar zeigt: Ein junger Mann reiste durch Polen und besuchte einen

Rabbi, der für seine große Weisheit berühmt war. Dieser Rabbi lebte in einer bescheidenen Hütte, die nur aus einem einzigen Raum bestand. Außer vielen Büchern, einem Tisch und einer Bank besaß er keine weiteren Möbel. Der junge Mann fragte: *„Sag Rabbi, wo sind deine Möbel?“*. *„Und wo sind denn deine?“*, fragte der Rabbi zurück. *„Meine?“*, fragte der junge Mann überrascht. *„Aber, ich bin doch nur auf der Durchreise!“*.

„Ich doch auch“, antwortete der Rabbi, *„ich doch auch.“*

Anonyme Herzlichkeit

Auf Seminaren, die ich halte, beschäftige ich mich oft mit den Lebensgeschichten der Menschen. Neulich stellte eine Teilnehmerin erstaunt fest, dass sie schon in der ersten Erzählrunde, in der wir uns gegenseitig von den Höhen und Tiefen unserer Lebenswege erzählten, Dinge preisgab, die sie bisher noch nicht einmal mit ihrer besten Freundin geteilt hatte. Menschen sehnen sich danach, „auszupacken“. Dafür braucht es Räume und Orte, die Geborgenheit vermitteln – ohne unsere Offenheit und unseren Rededrang zu missbrauchen. Leider nutzen auch viele TV-Talkshows diesen Wunsch, Dinge auszusprechen. Wie traurig, wenn diese Sehnsucht dann billig ausgenutzt und zum Seelenstriptease missbraucht wird.

Wer möchte schon der schwächere Teil einer Freundschaft sein? Ich erlebe es immer wieder, dass Menschen, nachdem sie anderen in Grenzsituationen ihre Hilfsbedürftigkeit gezeigt haben, auf Abstand gehen. Sie wollen durch den anderen, dem sie sich anvertraut haben, nicht mehr an ihre dunklen Stunden erinnert werden und frei von allen Belastungen einen neuen Lebensabschnitt beginnen können.

Dabei suchen Menschen ihre Gesprächspartner schon längst nicht mehr im unmittelbaren persönlichen Umfeld. In Internetchaträumen werden tiefgreifende Probleme gewälzt. Da werden in Foren Gesundheitstipps und Kochrezepte genauso ausgetauscht wie die einfachsten Wege, Klassenkameraden „fertigzumachen“ oder sogar sich selbst umzubringen.

Da spricht man nicht mehr von „Kontakten“, sondern von „Freunden“, die man in seinem sozialen Netzwerk versammelt und denen man dann auch über seine aktuelle „Stimmung“, jeden einzelnen Schritt berichtet.

Vor wenigen Jahren haben viele noch hart für ihr Recht auf Privatsphäre gekämpft.

Heute macht es kaum Mühe, etwas über Arbeitskollegen, Nachbarn und Bekannte zu erfahren. In Facebook oder bei „Wer kennt wen“ kann man jederzeit nachlesen, in welchen Beziehungen sie leben, mit wem sie zusammenleben, wohin sie in Urlaub fahren, welche Musik sie lieben, wo sie sich engagieren oder was sie verabscheuen.

Die Tür ins Privatleben steht für ein Millionenpublikum weit offen. Menschen breiten ihre Herzen aus, weil sie im Schutz des Internets auf eine anonyme Herzlichkeit stoßen, die ihnen in ihrer wirklichen Welt oft versagt bleibt. Das ehrliche, offene Wort unter vier Augen fällt weiterhin schwer.

Die offenen Türen des Internets müssen nicht immer nur schlecht sein. Eine Freundin von uns hat gerade ihr Staatsexamen abgeschlossen. Die langen Zeiten des Lernens sind nun vorbei. Wenige Tage vor ihrer Prüfung gab sie, in Gedanken versunken, den Satz „Ich kann nicht mehr“ in eine Suchmaschine ein. Die Trefferquote war hoch. Auf einer Seite erzählten junge alleinerziehende Mütter von bevorstehenden Prüfungen und der gleichzeitigen Erkrankung ihrer Kinder.

Mich hat das ins Nachdenken gebracht. Wenn ich in der Anonymität des Datennetzes auf eine positive Art und Weise meine Geschichte erzähle, können diejenigen, die das gleiche Problem haben, vielleicht ihre Situation in einem neuen Licht sehen und relativieren. Im Vergleich erscheint ihnen vielleicht ihre Situation überhaupt nicht mehr so schlimm.

Ich habe sehr lange gebraucht, bis ich mich getraut habe, über meine Ecken und Kanten, Zweifel und Sorgen und auch über dunkle Täler in meinem Leben zu sprechen. Wie einfach war es für mich, das Bild eines erfolgreichen, engagierten, scheinbar sorglosen Menschen aufrechtzuerhalten – und wie schwer, die traurigen Gefühle meiner Vergangenheit vor jemand anderem auszusprechen. Mein „Ohrenproblem" konnte man operativ behandeln. Diesen Schritt bereue ich bis heute nicht. Wie schön wäre es, wenn das für alle unsere Probleme gelten würde. Man legt sich unters Messer und wird ein neuer Mensch, frei von Sorgen und Problemen. Die Schönheitsindustrie kann ein Lied darüber singen, während die Kassen dazu feierlich klingeln. Aber mag unser Äußeres auch noch so gut behandelt oder jugendlich rekonstruiert werden, unsere Geschichte tragen wir ein Leben lang in uns.

Alles fängt zu Hause an

„Heimat ist der Ort des Herkommens", schrieb Gottfried Keller. Unser heutiges Handeln, Reden, Denken und Fühlen ist von unserem Gestern bestimmt. In unserem bisherigen Lebensweg liegt der Schlüssel zu unseren Gefühlen von heute. Um unser Handeln in der Gegenwart verstehen zu können, braucht es den Blick zurück.

Michael Herrmann erzählt von einer bewegenden Begegnung eines Erziehers, der in einem Haus für Jugendliche arbeitet, die alle schon ein ordentliches Maß an Strafen hinter sich gebracht haben. Die nächste Station für sie ist der Jugendknast oder die Psychiatrie:

„Das Ganze ging damit los, dass am Tag unserer Weihnachtsfeier eine ganz miese Stimmung in der Gruppe herrschte. Es war der letzte Tag vor Weihnachten, an dem die Gruppe zusammen war. Alle gingen noch einmal zur Arbeit. Am Abend feierten wir dann zusammen Weihnachten. Dann ging's ins Bett und am nächsten Tag fuhren alle heim. Fast alle … Ein paar bleiben immer da. Das sind die, die niemand zu Hause haben will oder die, die überhaupt keine Eltern oder Verwandten mehr haben.

Bereits beim Abendessen musste ich ein paar Mal dazwischengehen, sonst hätten sich die Ersten schon gekloppt. Und dann bei der Feier: Wir hatten alles recht nett hergerichtet. Die Geschenke waren von meiner Kollegin wirklich schön gestaltet worden … Es hätte alles so gut gepasst. Aber nix da … Zwei, drei Worte, und schon befanden sich unsere Jungs mitten in einer Schlägerei. Stühle flogen, Geschirr ging zu Bruch … wir mussten sogar Hilfe aus den Nachbargruppen holen. Nach ungefähr einer knappen Viertelstunde war dann wenigstens so weit Ruhe hergestellt, dass sie zumindest aufgehört hatten, sich zu verprügeln. Aber es war zum Heulen. Einige bluteten, zwei sogar heftig. Und der Raum sah aus, als hätte eine Bombe eingeschlagen. Die Weihnachtsfeier war gelaufen. Keiner wollte noch irgendetwas in dieser Richtung sagen oder hören. Wir machten doppelte Nachtwache. An schlafen war nicht zu denken. Am nächsten Tag waren die Verabschiedungen nur kurz. Die, die im Haus blieben, ließen sich erst gar nicht sehen. Vor allem jener, der alles angezettelt hatte. Und ausgerechnet ich war sein „Vertrauenserzieher“ – du weißt schon, der, der ein besonderes Erziehungsverhältnis zu ihm aufbauen soll. Glaub mir, mir graute vor den nächsten Tagen. Denn mit ihm, drei weiteren Jungen und noch zwei Erziehern sollte ich die nächsten Tage und die Zeit über Silvester im Gebirge verbringen. Du kannst dir deine Leute nicht aussuchen. Die Fahrt ins Gebirge und die nächsten Tage verliefen zu meiner Überraschung recht ruhig. Und dann kam Silvester. Nach dem Frühstück fragte ich ihn, ob er mit rausgehen wollte, zu einer Wanderung auf den Hausberg. Zu meiner Verwunderung sagte er „ja" und wir gingen los. Es war einer jener herrlichen Wintertage, an denen die Luft glasklar und die Aussicht schier unendlich ist. Nach knapp zwei Stunden Wanderung durch mäßig hohen Schnee standen wir auf dem Gipfel. Die Aussicht nahm uns schier den Atem. Fasziniert und gebannt standen wir da. Alles schien zum Greifen nahe. Die Bergketten der Dreitausender, die Täler mit ihren Städten und Dörfern. Die Straßen, die Bahnlinien. Wir breiteten unsere Windjacken auf dem Boden aus, ließen uns nieder, hielten die verschwitzten Rücken der Sonne entgegen und staunten ganz einfach über die Schönheit, die uns umgab. Erst nach einer Viertelstunde fiel mir auf, dass wir seit dem Frühstück im Haus noch nicht ein einziges Wort geredet hatten. Mein erster Satz war die Frage, ob er etwas trinken und essen wollte. ‚Hm, ja', meinte er, ‚eigentlich schon …' Jeder von uns aß still und ergriffen sein Brot. Auf einmal meinte er: ‚Wenn das meine Mama, meine Mutter sehen könnte …' Ich war erstaunt: ‚Wieso, geht sie nicht gerne in die Berge?' Er: ‚Doch schon. Aber zurzeit nicht. Verdammt noch mal …' Ich schaute ganz verdutzt: ‚Das versteh ich nicht, was ist denn mit ihr?' Und dann brach es aus ihm heraus. Es war, als wenn ein lange aufgestauter Fluss plötzlich losbricht. Und er erzählte: ‚Weißt du, im Sommer, da waren meine Mutter und ich im Urlaub. Es war alles so klasse. Mit dem Typ, mit dem sie bis dahin zusammen war, hatte sie kurz vorher Schluss gemacht – endlich. Und dann ist sie mit mir in Urlaub gefahren. So gut wie in dieser Zeit habe ich mich seit Langem nicht mehr mit ihr verstanden. Und am Ende der Ferien hat sie mir in die Hand hinein versprochen, dass wir im Winter in den Bergen Schifahren gehen, dass ich dann wieder bei ihr sein darf. Und dass dann alles wieder so sein wird wie im Sommer. Aber wie es so ist: Im Herbst hat sie einen neuen Lover kennengelernt. Schon am ersten Wochenende, wo ich zu Hause war, hat der mit mir Stunk angefangen. Der ist so ein Arsch, sag ich dir. Also, wie sie auf so einen kommt, ich kann's nicht glauben – so uncool. Naja, und dann, am zweiten Advent, ist der Brief von ihr gekommen, dass ich doch an Weihnachten nicht kommen sollte. Der Neue könne mit mir nichts anfangen, sie müsse doch auch mal auf sich schauen und ich würde doch hier vom Haus aus auch in die Berge fahren können … Es sei doch viel besser, wenn ich Weihnachten hier feiern würde. Alles wäre doch viel friedlicher und besser geregelt und so.'"

Diese Erzählung, von der ich hier nur einen kleinen Ausschnitt wiedergeben kann, zeigt, wie Wunden, die dem Jungen seelisch zugefügt wurden, nur langsam heilen. Das Gespräch mit seinem Erzieher war für ihn die erste Möglichkeit, sich jemand anderem zu öffnen.

Auf der Suche nach Beständigkeit

Es ist Glück, wenn ich Menschen an meiner Seite habe, die mir intensiv begegnen, die mir zuhören und ein Stück des Lebensweges mit mir gehen. Menschen, die mir ehrliches Interesse entgegenbringen und mich nicht anheucheln. Ich ertappe mich manchmal selbst, wie schnell ich jemanden „Wie geht's?" frage und gar nicht damit rechne, dass mir mein Gegenüber eine ausführliche und ehrliche Antwort gibt.

Ich selbst wünsche mir Menschen, mit denen ich gemeinsam Antworten auf die großen Fragen des Lebens finden kann, wenn viele der bis dahin für mich gültigen Antworten einfach nicht mehr schlüssig sind. Menschen, die meinen bisherigen Weg ernst nehmen und mich in meinen Erfahrungen würdigen. Immer wieder bin ich auf der Suche nach Beständigem.

„Ein Mönch wurde einmal gefragt, warum er trotz seiner vielen Aufgaben eine so große Ruhe ausstrahle. Er antwortete: ‚*Wenn ich stehe, dann stehe ich. Wenn ich gehe, dann gehe ich. Wenn ich sitze, dann sitze ich. Wenn ich esse, dann esse ich. Wenn ich spreche, dann spreche ich. Wenn ich bete, dann bete ich …*‘ Da sagten die Leute um ihn herum: ‚*Aber das tun wir auch!*‘ Da antwortete er: ‚*Nein, wenn ihr betet, seid ihr schon wieder bei euren Geschäften. Wenn ihr sitzt, dann steht ihr schon wieder. Wenn ihr steht, dann lauft ihr schon. Wenn ihr lauft, dann seid ihr schon am Ziel …* ‘“

Oft hetze ich von einem Termin zum nächsten und bin mit meinen Gedanken schon Tage voraus, anstatt im Hier und Jetzt zu sein.

Auf der Suche nach Leben, nach der Erfüllung unserer Wünsche, schlage ich oft ein hohes Tempo an. Manchmal vielleicht sogar ein so hohes, dass ich gar nicht bemerke, wie ich, anstatt Leben zu finden, eher auf der Flucht bin und mich am Ende dabei selbst verliere. Vielleicht treibt mich die Angst, ein Stück Leben zu verpassen? Oder ich jage dem Erfolg nach, um zu hören: „*Ich bin stolz auf dich! Das hast du gut gemacht!*“, egal von wem.

Wenn ich von einer Konzerttour nach Hause komme, brauche ich Zeit, um all die Eindrücke und Begegnungen zu verarbeiten. Manchmal habe ich nach einem solchen Konzertwochenende hunderte von Kilometer hinter mich gebracht. Dann liege ich in meinem eigenen Bett zu Hause – aber meine Seele ist noch an einem ganz anderen Ort. Viel zu schnell schiebe ich Begegnungen und Gespräche in Gedanken zur Seite, weil ich das Gefühl habe, dafür keine Zeit zu haben. Es muss doch weitergehen. Aber wird die Zeit eines Tages wirklich mehr?

Bin ich nicht eigentlich losgefahren, weil ich die Begegnung mit den Menschen liebe?

In solchen Situationen kommt mir die Geschichte eines Indianers in den Sinn, der zum ersten Mal in einer Großstadt zu Besuch ist. Während der Fahrt springt er aus dem Taxi und setzt sich auf den Bürgersteig. Auf die erstaunte Nachfrage des Taxifahrers, was diese Aktion wohl zu bedeuten habe, meint der Indianer: *„Ich muss erst hier warten bis meine Seele nachgereist ist."*

Kann ich schneller reisen als meine Seele? Kann meine Seele woanders ein Zuhause finden? Muss ich mich wirklich erst auf Reisen begeben, um mich selbst zu finden?

Orte, die bleiben

„Ein gutes Gewissen ist ein sanftes Ruhekissen", hat meine Oma immer gesagt. Kommt der Körper oft deshalb nicht zur Ruhe, weil die Seele in ihm noch aufgebracht und hektisch eine gute Bleibe sucht? Wie heilsam und wie schön ist da das Wiederkehrende. Ich habe als Kind Hörspielkassetten geliebt. Einschlafen ohne eine Hörspielkassette? Schier unmöglich. Ich

konnte die Kassetten nicht nur auswendig, sondern rezitierte den jeweiligen Erzähler inklusive Dialekt und der Art, wie er sprach auf langen Autofahrten. Bekanntes ließ mich viel besser einschlafen als Neues. Ich habe mich in den Wörtern heimisch gefühlt, hab mich mit den Sätzen zugedeckt wie mit einer warmen Decke, habe die wohlbekannte Melodie der Sprache wie eine verborgene Höhle, ein geheimes Versteck empfunden. Ein einsamer Ort, der nur mir gehörte.

Ich habe es früher genossen, wenn meine Geschwister bei einer Unternehmung mit dabei waren. Wenn wir nach Hause kamen, wurde natürlich erzählt. Ich liebte es, die Erlebnisse noch einmal im Hören verarbeiten zu können.

Ist das vielleicht das Erfolgsrezept mancher TV-Retroshows, in denen „One-Hit-Wonder" vergangener Tage, sichtlich gealtert, vor die Kamera treten? Der Blick zurück lässt beim Betrachter das „Früher", die eigene Kindheit und Jugend, wieder auferstehen und sorgt durch intensive, geliebte Gefühlserlebnisse für eine ordentliche Quote.

Auch wenn nichts bleibt, auch dann, wenn alles vergeht, bleiben unsere Erlebnisse, unsere Eindrücke und Geschichten. Nichts ist so beständig wie der Wandel, aber eindrücklich speichert unsere Seele den Geruch, den Geschmack und die Stimmung erlebten Lebens. Welch ein Glück, wenn wir diese Erinnerungen nicht durch hektische Unregelmäßigkeiten zuschütten.

Der Mensch ist ein bedürftiges, ein unruhiges Wesen. Erfüllte Bedürfnisse schaffen erst die Bereitschaft, neue Wünsche zu haben, erklärt uns der amerikanische Psychologe Abraham Maslow anhand seiner Bedürfnispyramide. In fünf Stufen teilt Maslow die Bedürfnisse des Menschen ein. Auf der untersten

Stufe stehen die physischen Bedürfnisse wie Atmung, Schlaf, Nahrung, Wärme, Gesundheit, Wohnraum, Kleidung, Sexualität und Bewegung. Auf der obersten Stufe steht die Selbstverwirklichung. Erst wenn grundlegende Bedürfnisse erfüllt sind, kann die nächste Stufe erreicht werden. Rastlos erklettern wir Stufe um Stufe und ich frage mich, ob wir mit jeder Stufe, die wir erklimmen, wirklich glücklicher werden. Genießen und behalten wir erreichtes Glück in unserem Herzen? Schmecken wir die Gunst des Augenblicks? Ein wenig Neid klingt immer mit, wenn wir von einem Menschen erzählen, der seine Arbeit „seelenruhig" erledigt. Kann die Seele in unserem Körper wirklich zur Ruhe kommen?

Ich denke bewundernd an Mönche. Auf den ersten Blick sieht ihr strenger Tagesablauf „gezwungen", manchmal sogar wie ein Gefängnis aus. Aber scheint es nicht ein wunderbares Geschenk zu sein, nicht erst dann beten, arbeiten und essen zu müssen, wenn ich Lust darauf habe? Die Regelmäßigkeit ist ein guter Rahmen für ein beständiges Leben ohne große Turbulenzen. Der Zwang, ständig selbst entscheiden zu müssen, entfällt.

Wollen Sie sich etwas Gutes tun, dann schenken Sie sich Regelmäßigkeit. Ich sehne mich nach gehaltvollen Antworten, die tragen. Ich merke, je weniger Antworten ich habe, umso mehr Worte mache ich. Je leiser ich werde, desto lauter werden die Stimmen in mir.

Ich sehne mich danach, meiner Heimat auf den Grund zu kommen. Vielleicht ist es an der Zeit zu schweigen, um in die Tiefe zu gelangen – dorthin, wo meine Seele gerne wohnt und Ruhe finden kann.

Heimat

Du suchst inwendig nach Beständigkeit
Nach Wiederkehr, die lebendig bleibt
Du wünschst Dir jemanden, der dich empfängt
Der wenn Du unterwegs bist, an dich denkt.

Du sehnst Dich selbstverständlich nach Respekt
Dass andre endlich sehn was in dir steckt
Noch scheint es, dass Du diesen Ort nicht kennst
Den Du ganz zärtlich leise – deine Heimat nennst.

Land, in dem die Seele wohnt
Dein Platz, Dein Zuhause, dein trautes Heim
Land, das sich zu Suchen lohnt
Das will Deine Heimat sein.

Verlier Dich nicht in Deiner Sucherei
Genier Dich nicht, denn bald ist sie vorbei
Für dieses Ziel umkreist Du alle Welt
Und wie zuviel, beweist Du Dir, was Dich wirklich hält.

Kommst Du nach langer Fahrt wieder zurück
Dann ahnst Du heimlich bange dieses Glück
Du freundest Dich mit Deiner Heimat an
Und merkst, dass man sie nicht woanders finden kann.

Text und Melodie: Andi Weiss

2

Ich

Wer bin ich?

Bin ich der, den andere in mir sehen? Der immer fröhliche, gut gelaunte Liedermacher, der versucht, tiefsinnige Texte zu schreiben? Bin ich ein Träumer, ein Phantast? Oder stehe ich mit beiden Beinen auf dem Boden?

Trage ich in mir die Spuren des kleinen Andi aus dem bayrischen Provinznest ... oder merkt man mir an, dass ich schon weit gereist bin?

Bin ich der liebevolle Seelsorger, der ich sein will – oder sorge ich mich zu oft nur um mich? Vielleicht bin ich ganz anders, als ich denke, als ich mich selbst sehe ...

Je mehr ich darüber nachdenke, desto mehr Facetten an mir entdecke ich, äußerlich wie innerlich. Das Bild wird vielschichtiger. Ich passe nicht in eine Schublade.

Meine Kleidung, die Art, wie ich mir meine Haare schneiden lasse, wie ich bei Konzerten am Klavier sitze, Geschichten erzähle und meine Lieder singe – das alles ist Ausdruck dessen, wie ich mich selbst gerne sehe. Das kann sich durchaus im Laufe der Jahre verändern.

Aber durch alles strahlt hindurch, wie ich tief in meinem Innersten wirklich bin. Man merkt mir an, ob ich in mir selbst ruhe oder hinter mir oder anderen herjage – nicht wissend, wohin meine Reise eigentlich geht.

Wie „echt", wie ehrlich darf ich sein? Vor anderen und vor mir selbst? Und wo – an welchen Orten – fällt es mir leicht, ich selbst zu sein?

„Fühl Dich wie zu Hause", sagt der Hausherr, nachdem er seinen Gast begrüßt hat. Du bist willkommen! Du brauchst dir keine Gedanken machen, ob dein Verhalten richtig, deine Krawatte gut gebunden oder der Lidstrich gerade gezogen ist. Fühl dich wohl – sei du selbst. Wie wäre es denn, wirklich bei sich zu sein? Wie wäre es, einmal den Versuch zu wagen, sich selbst kennenzulernen? Nachzufragen, wer man ist – was man denkt, was man glaubt und was man fühlt.

„Da ist jemand ganz bei sich", sagt man bewundernd, wenn ein Mensch in sich ruht. Wenn er mit seinem Verhalten ausstrahlt, dass er weiß, wohin er gehört und nicht windhundartig, trend- und meinungshaschend in allen vier Windrichtungen sein Glück sucht. Ganze Industriezweige verdienen ihr Geld mit dem Streben des Menschen nach größerem Glück.

Kinder verlieren sich oft völlig im Spiel, Musiker in hinreißender, schöner Musik, Wanderer in einsamer Natur in die Schönheit des Augenblicks. Wann habe ich mich zuletzt selbst in etwas verloren?

Es gibt sie, solche kostbaren Momente. Es lohnt, sich dafür Zeit zu nehmen.

„Ganz bei mir sein" – das klingt für mich wunderbar. Das wäre ich auch gerne!

Wenn ich die Masken ablege, die ich Tag für Tag mit mir herumtrage, entdecke ich mein wahres Ich. Ich frage mich: Wann bin ich wirklich ganz bei mir? Welche Momente in meinem

Leben empfinde ich als großes Glück? Wann empfinde ich Erfüllung, Frieden, Ruhe? Kann ich noch richtig abschalten?

Eine hilfreiche Übung, aus der alten Tradition der Klöster, ist es, sich vorzustellen, dieser Tag wäre der letzte in meinem Leben.

Was würde ich an diesem Tag alles machen, was würde ich lassen?

Wen würde ich noch einmal besuchen, mit wem müsste ich unbedingt sprechen?

Wo sind noch „alte Rechnungen" offen, wem müsste ich verzeihen, wen noch um Vergebung bitten?

Hinter dieser Übung steht ein guter Gedanke: In der Endgültigkeit eines letzten Tages kommen wir zum Kern unseres Lebens. Es wird klar, was wirklich wesentlich ist, während wir uns sonst in der Hektik des Alltags in einem Gestrüpp von Wünschen und Plänen oftmals einfach verheddern und am Ende keinen Schritt weiterkommen.

Selbstwahrnehmung und Fremdwahrnehmung sind zwangsläufig immer verschieden. Es ist gut, seine beste Freundin oder seinen besten Freund einmal zu fragen, wie er einen sieht. Sind die Antworten ehrlich, dann dürfen Sie sich auf so manche Überraschung gefasst machen!

Der eigenen Lebensspur nachgehen

Ich sitze allein vor einem großen, dicht beschriebenen und bemalten Blatt an unserem Esszimmertisch. Es war eine spannende Reise, die meine Frau Martina und ich die letzten beiden Stunden zusammen unternommen haben. Es ist spät geworden, sie ist nach draußen gegangen und ich hänge noch etwas meinen Gedanken nach.

Gut, es war keine wirkliche Reise, mehr eine Reise der Gedanken. Ein weiter Weg, dem wir durch unsere Lebensläufe gefolgt sind.

Martina hat damit begonnen, ihre Lebenslinie auf den Zeichenkarton aufzumalen. Ganz links ihr Geburtsdatum, dann die verschiedenen Stationen ihrer Kindheit. Das Elternhaus, Kindergarten, Schule, Jugendfreizeiten, Studienorte. Danach kam ich an die Reihe. Was waren wichtige (Alters-)Abschnitte? Wo haben sie begonnen und wann waren sie zu Ende? Wann haben sich unsere Lebenslinien das erste Mal gekreuzt? Wie ging es weiter? Eine spannende Reise!

Ganz rechts im Bild markiert ein blauer Kreis das Ende der Linie. Darauf fällt, nach dem gedanklichen Abschreiten der Lebenswege, mein Blick. Wir sind im Heute angekommen. Ich merke, es lohnt sich, die vielen Einzelheiten noch einmal Schritt für Schritt anzuschauen, um nicht Wesentliches zu übersehen. Denn in einem zweiten Schritt haben wir, zunächst jeder für sich, zu den jeweiligen Abschnitten oberhalb der Linien unsere Wünsche und Vorstellungen aufgeschrieben.

Mein Blick bleibt an einem Polizeiauto hängen, das ich als Erinnerungshilfe stümperhaft skizziert habe. Und ich erinnere mich noch einmal: Lange Zeit wollte ich von Beruf Polizist werden!

Dann habe ich wenige Zentimeter rechts davon einige Dinge aufgeschrieben, die mir mit zehn Jahren wirklich wichtig waren. Wie wenig brauchte ich damals, um glücklich zu sein! Und woran habe ich mit zwanzig Jahren Erfolg festgemacht!

Wann habe ich das erste Mal richtig Geld verdient? Und

warum haben sich manche Träume nicht umsetzen lassen? Was kam dazwischen? In unserer Lebenslandkarte haben wir alles festgehalten. Noch ist Zeit, der einen oder anderen Spur noch einmal nachzugehen.

Welchen Wegen, welchen wichtigen Menschen sind wir eine Zeit lang gefolgt?

Welche Rolle spielten dabei unsere Eltern, Großeltern, Lehrer, Freunde und andere Weggefährten? Welche Begegnungen, welche Gespräche gaben uns Lebensmut? Welche Personen und Erlebnisse gaben mir das gute Gefühl, es zu schaffen, als Mensch wertvoll zu sein? Welche Menschen brachten mich an meine Grenzen?

Für besondere Lebensmomente haben wir kleine, bunte Klebepunkte verteilt: „Emotionspunkte". Rote für die schönen Dinge – aber auch einige fette blaue Punke. Sie stehen für Eiszeiten im Leben. Echte Tiefpunkte, Orte und Zeiten, an denen es nicht mehr weiterging.

Nicht alles hat Platz gefunden auf unserem großen Blatt. Hoffentlich haben wir noch etwas Wegstrecke vor uns. Es lohnt sich, weiterzumachen, dranzubleiben. Auf jeden Fall sind wir dem Begriff „Heimat" beide schon deutlich näher gekommen.

Vielleicht klingt das für Sie alles ein wenig banal. Auch ich war am Anfang eher skeptisch. Die Form ist nicht entscheidend. Welchen Weg auch immer Sie wählen, um Ihr Leben einmal zu betrachten, spielt keine Rolle. So eine Lebenslandkarte macht den bisherigen Weg anschaulich und das gemeinsame Gespräch fördert manche Überraschung zutage (herrlich, wie verschieden Mann und Frau denken …). Das Wesentliche ist ohnehin der Entschluss „loszugehen“.

Bei unserer gemeinsamen Betrachtung sind auch manche alten Verletzungen neu zutage getreten. Was hat mich damals verletzt und traurig gemacht? Wer oder was nahm mir zeitweilig den Mut? Der ehrliche Blick zurück schmerzt. Manchmal finden sich negative Dinge, die wir seit Kindertagen mit uns herumtragen.

Auch wenn es schmerzt – ich glaube, es ist ein großes Geschenk, sich seinen Lebensthemen zu stellen. Denn, wie Ben Furman sagt, *„es ist es nie zu spät für eine glückliche Kindheit!“*.

Alte Schätze heben

In unserem Keller entdeckte ich einmal eine Kiste mit alten Spielsachen. Verstaubt und zerbeult hatten sie für mich dennoch nichts von ihrem früheren Zauber verloren. Verträumt nahm ich Stück für Stück aus der Kiste und erinnerte mich an die Zeit, als ich jeden Tag damit spielte, ganze Nachmittage lang die Zeit vergessen konnte. Es war ein ganz besonderer Moment, diese Reise in die eigene Vergangenheit. Solche Schätze muss man hüten! Kennen Sie das Gefühl?

So geht es mir manchmal auch mit meinen „geistlichen Schätzen“, die die Zeiten überdauert haben. Ich denke an einen Kirchenbesuch zu Pfingsten in Paris. Wir kamen uns in der großen Kathedrale etwas verloren vor. Viele Touristen drängten in das Gotteshaus und füllten den heiligen Ort mit ihren Stimmen und dem Klicken ihrer Fotoapparate. Da stimmte ein Chor ein vertrautes Taize-Lied an: „Veni Creator Spiritus“ („Komm, Schöpfer Geist“). Dieses kleine Lied machte den großen Bau zu meiner Kirche. Die vertraute Melodie und der alte Text lösten in mir ein Gefühl der Geborgenheit aus. Wir waren unterwegs und doch zu Hause. So erlebe ich für mich die alten Formen der Liturgie immer wieder als Geschenk. In solchen Momenten entdecke ich, welchen Schatz mein Herz in sich trägt. Auch wenn ich die jeweilige Landessprache nicht beherrsche, kann ich doch in der Liturgie und im Gottesdienst Heimat finden. Der vertraute Ablauf, dieser gemeinsame, alte Weg hin zum Geheimnis des Glaubens, ist eine für mich lebensnotwendige Spur auf meinem Lebensweg. Keine breiten Traktorspuren, sondern viele einzelne Fußstapfen, ein beschrittener Pfad. Gelebter Glaube meiner geistlichen Vorfahren, der mir aber genug Freiraum lässt, meinen eigenen Weg zu finden, ihn zu gehen und dabei eigene Spuren zu hinterlassen.

Einmal begegnete ich einer alten Dame. Sie war in Liedtexten zu Hause, konnte alles, was sie als junges Mädchen einmal gelernt hatte, auch heute noch auswendig mitsingen. Wirklich alle Lieder, manche davon mit zehn und mehr Strophen. Viel beeindruckender fand ich aber, was sie mir im Gespräch mit auf den Weg gab: *„Heute sehe ich nicht mehr so gut. Immer, wenn ich Angst vor dem Morgen habe, dann krame ich in meinem Herzen und singe ein Lied. Das gibt mir wieder neue Hoffnung und Kraft für den neuen Tag!“.*

Oft ahne ich nicht, welche Kostbarkeiten ich in mir trage und weiß ihren Wert nicht wirklich zu schätzen.

Heimat zeigt sich mir manchmal erst in der Fremde, wenn ich unterwegs bin – wenn ich die Sicherheit meiner gewohnten Umgebung verlasse und mich in einer fremden Kultur, einer fremden Sprache zurechtfinden muss.

Dann hilft es mir, wenn ich alte Schätze meines Lebens „im Gepäck habe" und natürlich vor allem, wenn ich weiß, wo ich hingehöre.

Immer wenn sie Angst hat

Sie ist schon lang nicht mehr die Jüngste.
Sie ist schon länger unterwegs.
Ihr Leben lebt von ihren Wünschen
und ihrer Sehnsucht, die sie trägt.

Sie hat den Willen einer Löwin,
die gern verteidigt was sie liebt.
Niemand kann sie davon lösen –
denn man bleibt blind,
blind, solang man sieht.

Immer wenn sie Angst hat,
dann singt sie ihre Lieder.
Immer wenn sie traurig wird,
dann flüchtet sie ins Licht.
Denn sie weiß, die dunklen
Tage kommen wieder.
Doch wenn sie singt,
dann fürchtet sie sich nicht.

Sie kennt jedes Lied auswendig.
Jeder Vers ist ihr vertraut.
Jedes Wort wird ihr lebendig,
wenn sie besingt, an was sie glaubt.

Sie schätzt das Alte – will bewahren
und schöpft so Kraft für neue Zeit.
Erahnt ein Stück von der Erfahrung,
die Menschen still nach vorne treibt.

Sie kennt nur diese Rettungsinsel,
nur diesen Weg, der sie heilt.
Und so verändert sich ihr Leben,
wenn sie in ihrem Lied verweilt.

Text und Melodie: Andi Weiss

Das Gestern im Gespräch

Ein kleiner Junge kam einmal zu seinem Vater und wollte mit ihm spielen. Der hatte aber keine Zeit für den Jungen und auch keine Lust zum Spielen. Also überlegte er, womit er ihn beschäftigen könnte. Er fand in einer Zeitschrift eine komplizierte und detailreiche Abbildung der Erde. Dieses Bild riss er aus und zerschnipselte es dann in viele kleine Teile. Das gab er dem Jungen und dachte, dass dieser nun mit diesem schwierigen Puzzle wohl eine ganze Zeit beschäftigt sei – und er seine Ruhe habe. Der Junge zog sich in eine Ecke zurück und begann mit dem Puzzle. Doch schon nach wenigen Minuten kam er zum Vater und zeigte ihm das fertig zusammengesetzte Bild.

Der Vater konnte es kaum glauben und fragte seinen Sohn, wie er das so schnell geschafft hätte. Das Kind sagte: *„Ach, auf der Rückseite war ein Mensch abgebildet. Den habe ich richtig zusammengesetzt. Und als der Mensch in Ordnung war, war es auch die Welt."*

Wir werden erwachsen, wenn wir auf Augenhöhe mit den Eltern kommen. Nicht nur in Bezug auf die Körpergröße. Meist geht es dabei auch um wesentlich mehr, als um bloße Kommunikation. In einem Gespräch berichtete mir ein junger, attraktiver Mann, dass er sich nicht wohl in seiner Haut fühle. Er hatte Schwierigkeiten, sich selbst und seinen Körper anzunehmen. Er empfand sich als zu dick. Er war überzeugt, dass er einen unangenehmen Körperduft versprühte, zu faul sei, usw.

Ich ließ ihn all diese Punkte, die er an sich nicht mochte, auf einzelne Zettel schreiben und fragte ihn, woher diese Meinungen wohl kommen könnten. Für ihn war klar, dass alle Aussagen über seinen Körper von ihm stammten, weil er sie so beobachtet hatte. Seine Selbstwahrnehmung sagte ihm: *„Ich bin zu dick, ungepflegt, faul, rieche streng, usw."* Ich nahm ihn gar nicht so wahr und bat ihn, diese negativen Eigenschaften in Zusammenhang mit den Aussagen anderer Leute, die in seiner Lebensgeschichte eine Rolle spielten, zu bringen. Anfangs fiel es ihm schwer, aber am Ende konnten wir jede Aussage mit einer Person verbinden.

Alle diese teilweise gedankenlos dahingesagten Sätze hatten sich in den jungen Mann tief eingegraben. Da war die Stimme der Mutter, die ihn immer wieder an seine Körperhygiene erinnerte: *„Wasch dich, du stinkst."* Da war der ältere Bruder, der selbst an einer Essstörung litt und mit seinen verletzenden Sätzen: *„Siehst du nicht, wie fett du bist?"*, sein eigenes Problem auf den Bruder projizierte. Da war der Vater, der ihm immer wieder den Satz: „*Tu was, du bist zu faul!*" an den Kopf knallte. Alle diese Aussagen hatten sich in seinem Leben festgesetzt und steuerten sein Denken und Handeln.

Wie ist es bei Ihnen? Ich schlage Ihnen vor: Nehmen Sie sich ein Blatt Papier und notieren Sie – über das Blatt verteilt – positive und negative Eigenschaften, die Sie selbst mit Ihrer Person verbinden. Kennzeichnen Sie diese Eigenschaften mit einem schwarzen Rahmen. Suchen Sie anschließend nach positiven und negativen Aussagen anderer Menschen. Notieren Sie die positiven Aussagen mit einem grünen und die negativen mit einem roten Stift in Form von Sprechblasen neben die Kästen mit den dazugehörigen Eigenschaften. Sie werden merken: viele Eigenschaften verbinden Sie unmittelbar und ohne großes Nachdenken mit den Bemerkungen bestimmter Personen.

Wer darf Ihnen eigentlich sagen, wer Sie sind? Wer kennt Sie wirklich so, wie Sie sind, wie Sie denken und fühlen?

Wenn Eltern nur das Beste wollen

Auf dem Weg durch meine Vergangenheit ist mir manches neu bewusst geworden. Für vieles bin ich dankbar, anderes ist mir aus heutiger Sicht eher fremd. Sicherlich ist unser Blick in die Vergangenheit manchmal etwas verklärt. Automatisch blenden wir im Rückblick manches, was weniger schön war, einfach aus. Anderes kommt immer wieder hoch.

Keiner wird nur Schlechtes in seiner Biographie finden. Im Gegenteil. Aber um das Gute wertschätzen zu können, müssen wir unserer Seele erlauben, das Schlechte auszusprechen.

„Schau nur, die mächtigen Fluten! Du wirst ertrinken!", sagte der Affe zum Fisch. Und hob ihn liebevoll auf den Baum. Ein anderes Sprichwort lautet: *„Gut gemeint ist das Gegenteil von gut."* In Elternhäusern geschieht vieles in bester Absicht. Aber der vermeintlich gute Ratschlag kommt einfach oft nicht an.

Manche Gedanken- und Verhaltensmuster werden unreflektiert über Generationen hinweg weitergereicht. Eltern geben ihre eigenen Lasten an Kinder weiter, weil sie selbst vieles unaufgearbeitet mit sich herumtragen. Kinder erleben Gewalt und übernehmen diese Handlungsmuster für die eigene Kindererziehung. Es bleiben tiefe Narben an der Seele.

Es geht dabei nicht um Schuldzuweisungen. Es geht darum, aus Liebe zu seinen Kindern oder dem Ehepartner und zu sich selbst, diesen dunklen Kreislauf zu durchbrechen. Ich bin überzeugt, „unsere Kinder sollen es wirklich einmal besser haben" und wir können viel dafür tun.

In einer E-Mail schrieb mir eine schon betagte Dame: *„Meine Eltern haben schon sehr früh mein Herz zum Weinen gebracht. Mein Vater hat mich regelmäßig geschlagen und die Mutter machte einfach nichts dagegen. Sie saß oft unbeteiligt daneben und versuchte danach, das gute Familienbild nach außen hin zu verteidigen. Irgendwann hörte ich auf, laut zu weinen. Als ich viele Jahre später dann selbst Mutter wurde, habe ich meinen Kindern verboten zu weinen. ‚Wer stark ist, weint nicht!', habe ich ihnen immer gesagt.*

In einer Therapie erfahre ich gerade Heilung meiner Seele und Heilung an meinem Herzen. Ich erlaube mir endlich auf den Schmerz zuzugehen, der tief in mir steckt. Und endlich kann ich wieder weinen."

Heimat ist auch der Ort, an dem ich verstehe und mich verstanden fühle.

Welcher Sohn sehnt sich nicht nach einem Vater, der seinen Arm schützend und verstehend um seine hängenden Schultern legt? Der auch einmal Partei ergreift und sein Kind vor den Stürmen des Lebens schützt. Welche Tochter wünscht sich nicht eine Mutter, vor der sie keine Angst haben muss und die, einer Freundin gleich, mitfühlt, mitgeht, mitlacht und mitweint? Wie viele Kinderherzen trauern still vor sich hin und haben keine Möglichkeit, ihr trauriges Herz mit einer anderen Person zu teilen? Wie viele Erwachsene tragen diesen Schmerz aus Kindheitstagen bis ins hohe Alter in ihrem Lebensreisegepäck?

Wenn ich mein Elternhaus nicht als Ort der Geborgenheit erlebt und mich nicht verstanden gefühlt habe, kann ich dennoch heute einen neuen Zugang zu meiner Geschichte finden. Wenn es mir gelingt, das Vergangene zu verstehen, beginnt innere Heilung.

Manchmal brauchen wir fremde Hilfe, um uns den scheinbar übermächtigen Themen unserer Kindheit zu stellen. Es ist gut, ein Gegenüber zu haben, dem man vertraut, jemanden, der einem zuhört. Ein Mensch, der uns hilft, die Annahmen, die sich tief in uns eingenistet haben, mit der Realität abzugleichen. Das kann der Ehepartner sein, ein guter Freund, eine gute Freundin, ein Seelsorger oder ein Coach. Manchmal ist es wichtig, sich tatsächlich therapeutische Hilfe zu holen. Dabei geht es nicht darum zu fragen: *„Bin ich denn nicht normal?"*, sondern: *„Bin ich es mir wert?"*. Ich bewundere die Menschen, die sich nicht zu schade sind, ihre Schattenseiten anzusehen.

Vor jemandem, der mich nicht persönlich kennt, brauche ich nichts zu verheimlichen. Ich darf alles angstfrei aussprechen und mich dabei gut aufgehoben fühlen. Wenn mein Gesprächspartner mich versteht, mir zuhört, ohne zu bewerten oder zu verurteilen, wenn er die richtigen Fragen stellt und dabei nichts auslässt, kann dies eine befreiende, ja mehr noch, eine heilende Wirkung haben. Was mich schon lange bedrängt hat, alles, für das ich mich vielleicht sogar schäme, verliert, wenn es an die Oberfläche kommt, oftmals seinen Schrecken. Das kann große Kräfte freisetzen, die ich vorher gebraucht habe, um all das Schreckliche, Unangenehme zu verheimlichen.

Erich Kästner beklagt im „Fliegenden Klassenzimmer“: *„Wie kann ein erwachsener Mensch seine Jugend so vollkommen vergessen, dass er eines Tages überhaupt nicht mehr weiß, wie traurig und unglücklich Kinder zuweilen sein können? (Ich bitte euch bei dieser Gelegenheit von ganzem Herzen: Vergesst eure Kindheit nie!) – Es ist nämlich gleichgültig, ob man wegen einer zerbrochenen Puppe weint oder weil man später einmal einen Freund verliert. Es kommt im Leben nie darauf an, worüber man traurig ist, sondern nur darauf, wie sehr man trauert. Kindertränen sind, bei Gott, nicht kleiner und wiegen oft genug schwerer als Tränen der Großen.“**

In unserer Kindheit liegt der Schlüssel zu unserer Gegenwart. Wenn wir begreifen, dass wir unsere Kindheit nicht vergessen oder verdrängen müssen, lernen wir, unsere Gegenwart anders zu gestalten und uns auch den unangenehmen Dingen zu stellen. Ein Sprichwort sagt: *„Unerhörte Kinder werden unerhört.“*

* Erich Kästner, Das fliegende Klassenzimmer, © Atrium Verlag Zürich und Thomas Kästner

Wie befreiend ist es für einen erwachsenen Menschen, endlich gehört – gesehen – und in seinen Schmerzen und unserer Trauer wahrgenommen und gehalten zu werden. Diese Veränderung in den Tiefen unserer Seele wird Auswirkungen auf unseren Alltag, unser Handeln und unsere Selbst- und Nächstenliebe haben. Wo die Seele anfängt zu heilen, kann auch die Welt um mich herum heil werden.

Verlorene Heimat

Wenn ich mir Gedanken über meine Heimat mache, dann denke ich oft an meine Großmutter, die aus Schlesien flüchten musste. Auch wenn ich selbst kaum mehr Bezug zu diesem für mich fremden Land habe, spielt ihr Schicksal in meine Kindheit, in mein Leben hinein. Bei Familienfeiern wurden die alten Geschichten ausgepackt. Da gab es die leckeren, traditionellen Speisen, wie den schlesischen Mohnkuchen mit Butterstreuseln, die wir als Kinder immer wegnaschten. Oder Jägerbraten mit Klößen und Blaukraut. Und nicht zuletzt die „verlorenen Eier", die schon mit ihrem Namen fast gleichnishaft von einer Heimat erzählten, die man nicht mehr besaß. Einer Heimat, in die sich meine Großmutter leise sehnsüchtig zurückwünschte.

So wie meiner Oma geht es vielen Menschen, die aus unterschiedlichsten Gründen ihre Heimat aufgeben mussten. Heimatvertriebene und politische Flüchtlinge. Oder Menschen für die der Umzug nach einer Trennung, nach einem Berufswechsel oder dem Tod des Partners notwendig wurde.

Wie einen goldenen Schatz hegen Heimatlose die wenigen stummen Zeugen, die sie hinüberretten konnten in eine neue

Welt. Kleine und große Dinge, die man bewahren konnte. Kleine Kostbarkeiten, die man von Zeit zu Zeit auspackt, wieder und wieder in die Hand nimmt, damit sie einem Sonnenstrahlen ins Herz schicken.

Der jüdische Dichter Schalom Ben-Chorin schrieb 1937 in Jerusalem – nach seiner Emigration aus München – jene sehnsüchtigen Zeilen über seine Heimatstadt: „*Immer ragst du mir in meine Träume – meiner Jugend zartgeliebte Stadt, die so rauschende Kastanienbäume und das Licht des nahen Südens hat. Ja, die Schatten deiner schlanken Türme, liegen blau auf meinem Augenlid. Deine langen Regen, deine Stürme rauschen, brausen noch durch mein Gemüt. Dass ich dir so sehr gehöre, Stadt am Rand der Berge und der Seen, dass ich deine Kirchenchöre, deine Schrammelweisen in mir höre, wusste ich – und musste dennoch gehn.*“

Eine Liebeserklärung an seine Heimat, in die es für ihn, zumindest absehbar, keine Rückkehr gab. Was ihm blieb, war die Sehnsucht nach dem Zurückgelassenen.

Wir brauchen die Wurzeln unserer Vorfahren, die Lieder unserer Muttersprache, ihre Gebete und Riten. Auch die traditionelle Küche, besondere Gewürze und Gerüche. Die alten Geschichten und vielleicht auch die althergebrachte Tracht. Beraubt man Menschen ihrer kulturellen Wurzeln, kommt das gesamte soziale Gefüge ins Ungleichgewicht. Ein Mensch verliert mit ihnen seine Heimat und damit seinen Halt.

Vertriebene brauchen den Traum von einem Zuhause, die Hoffnung, irgendwann dorthin zurückzukehren.

Ben-Chorin träumt weiter: „... *des Vertriebenen gedenkst du nun. Der ich, ferne Stadt, der deine war, darf in deinen Mauern nicht mehr ruhn. Aber deine Mauern ruhn in mir. In den Nächten baue ich dich neu, durch die nie verschlossne Träume-Tür, darf ich dich betreten ohne Scheu.*"

Ein Mensch ist Teil seiner Vergangenheit. Was ich heute denke, wie ich mich heute kleide, wie ich mein Leben gestalte, wird von meiner Vergangenheit, bewusst oder unbewusst, beeinflusst. Meine Wurzeln, meine Geschichte, meine Eltern, meine Großeltern, das Land, in dem ich aufgewachsen bin, prägen mein Verhalten, sagen mir, was richtig ist, was ich zu tun habe und was sich gehört.

Auf der Suche nach meinen Wurzeln

Vergangenheit gehört zu mir. Ich möchte die alten Geschichten derer, die vor mir waren, hören und auch selbst weitergeben. Sie bedeuten mir etwas. So habe ich auch die Geschichte meiner Familie erforscht, in Gesprächen versucht zu erfassen, was das Leben der Generationen vor mir ausgemacht hat.

Wenn ich in Biographien eintauche, möchte ich verstehen, was einen Menschen beschäftigt, woher er kommt, was ihn antreibt und ausmacht. So kann ich aus der Vergangenheit lernen. Sie ist immer auch ein Stück meine eigene Vergangenheit. Ich schenke einem Menschen Würde, wenn ich mich an ihn erinnere und wenn ich ihn in seiner Geschichte ernst nehme.

Ich wünsche mir, dass viele mit mir die Lust an alten Geschichten teilen – sie in ihrem Herzen bewegen und sie auch weitertragen. Die Geschichte unserer Familien, unserer Orte – die

Geschichte unseres Landes. Indem wir sie erzählen, geben wir auch unseren Kindern Anlass, Heimat zu suchen und ihre Heimat reflektiert lieben zu lernen.

Manchmal lehne mich gegen die Vergangenheit auf. Sie schmeckt mir nämlich nicht, unsere deutsche Vergangenheit, in der Heimat noch *„Blut und Boden"*, noch kampfeslustige Lieder und menschenverachtende Parolen bedeutete. Und doch will ich mich auch mit ihren Schattenseiten beschäftigen. Darin liegt der Schlüssel, um Zukünftiges anders zu gestalten.

Meine Großmutter musste nach ihrer Flucht aus Schlesien noch einmal ganz von vorne beginnen. Ihr Leben zeigt mir, dass Menschen fern der Heimat ein neues Zuhause finden können. Meine Oma fand sie in ihrer Kirchengemeinde. Dort engagierte sie sich, sammelte Geld für soziale Zwecke und besuchte ältere Menschen im Krankenhaus – auch als sie schon selbst alt war. Das brachte sie in Kontakt zu anderen Menschen, zu anderen Lebensgeschichten und Schicksalen, die sie gemeinsam teilten. Ich bewundere rückblickend dieses gelebte Vertrauen eines Menschen, der fern der Heimat ein neues Zuhause gefunden hatte.

Mein Großvater fand durch seinen Glauben ein tiefes Grundvertrauen. *„Weiß ich den Weg auch nicht – du weißt ihn wohl"*; diese Liedzeilen betete er noch auf seinem Sterbebett und diese Hoffnung spürte man auch in den Schritten und Worten meiner Oma.

Heimat und Geborgenheit, Vertrauen und Hoffnung auf ein anderes Leben – darauf kann ich immer wieder neu zugehen. Das kann ich nicht erzwingen und meistens auch nicht festhalten. Aber der erste vertrauensvolle Schritt kann eine Tür öffnen. Es bleibt die Sehnsucht wie ein verschütteter goldener Kelch, der ausgegraben, geputzt, poliert und gepflegt werden will. Ich ehre das, was vor mir war und erhalte mir so Zukünftiges. Manche Traditionen helfen, dem Heute eine Richtung zu geben. Gute alte Traditionen geben dem Leben Struktur.

Mensch, wie die Zeit vergeht

Wir war'n gerade doch noch Kinder
Warn gerade noch so jung
Lebten zeitlos unser Leben
Und keiner kümmerte sich drum.

Wir hatten alle große Pläne
Manche wurden umgesetzt
Manchen viel zu großen Träumen
Sind wir viel zu lange, sinnlos, nachgehetzt.

Und so sind wir am Reisen
Bis der Wind die Spur'n verweht
Und jeder sieht auf seine Weise,
dass die Erde nicht feststeht
Die Uhr auf ihrer Reise
Die still ihre Runden dreht
Sie flüstert heute ganz leise
Mensch, wie die Zeit vergeht.

Du warst auf einer Reise
Du warst auf der Flucht
Wie gut sind fremde Menschen
Wenn man ein Zuhause sucht.

Dein Glaube war Dir Heimat
„weiß ich den Weg auch nicht"
Das waren Deine Zeilen
Die man lebt und nicht nur spricht.

Ich hab immer wieder auch an Dich gedacht
Wie mag's Dir wohl geh'n in Deiner Welt
Mensch, was haben wir mit Dir gelacht
Und von Dir gelernt – was Menschen hält.

Text und Melodie: Andi Weiss

Früher …

„Heimat ist immer noch Sehnsucht nach der Kindheit", sagt Heinrich Böll. Ist das so? Malen Bilder, die wir uns über unsere Kindheit machen, nicht manchmal nur die Träume nach, die wir seit vielen Jahren wie eine kleine Kerzenflamme vor den Stürmen des Lebens zu schützen versuchen? Brauchen wir Sehnsuchtsmelodien, um jenen wärmenden Ort zu erahnen, der vor uns (oder vielleicht doch lange hinter uns) liegt? Ist der Wunsch, *„dass alles so bleibt wie es war"*, nur die kleine sehnsüchtige Prise, die uns alles zeigt, nur nicht das, was wirklich war? Ist die „erwachsene Sehnsucht" nach Heimat, nach Geborgenheit und Annahme eigentlich nur ein ungestilltes Kind-

heitsbedürfnis? Und was passiert, wenn alle diese Träume nicht nur nicht wahr werden, sondern Vorstellungen und Wünsche unseres Lebens dauerhaft negativ bestimmen? „*Die Geschichte eines beliebigen Lebens ist die Geschichte eines Scheiterns*", schreibt Jean-Paul Sartre. Als ich vor einigen Jahren begann, (un-)gewöhnliche Alltagsgeschichten zu sammeln und herauszugeben, wurde mir auch folgende Geschichte geschickt. Eine Geschichte, die mich sehr berührte und die zeigt, wie sehr unser aktuelles Handeln von unserer Biographie beeinflusst wird.

Jörg Offermann erzählt: „*Als ich fünf Jahre alt war, adoptierten meine Eltern ein Mädchen in meinem Alter. Wir beide wurden schnell sehr gute Freunde. Vier Jahre später waren Linda und ich bei Freunden zu Besuch. Vor dem Haus wurde gerade der Abwasserkanal neu verlegt. Die dicken Abflussrohre, die hochkant vor dem Haus standen, waren für mich sehr verlockend. Zuerst wollte Linda – meine Stiefschwester – nicht mitspielen, aber irgendwann konnte ich sie dazu überreden, obwohl es unsere Mutter verboten hatte. Wir setzten uns in die Rohre und hatten dabei großen Spaß, der aber nicht lange anhielt. Lindas Rohr fiel um und traf Linda am Hinterkopf. Noch heute kann ich mich an diesen dumpfen Aufschlag und an die riesige Blutlache erinnern.*

Linda wurde mit mehrfachem Schädelbasisbruch in die Klinik gefahren. Die darauffolgende Nacht war grauenhaft. Wir hofften und bangten, ob sie es wohl überleben würde. Dann die Schreckensnachricht: Sie hat es nicht geschafft. Meine Schwester war tot. Ob mir meine Eltern Vorwürfe gemacht haben? Ich weiß es nicht mehr. Aber ich selbst machte mir große Vorwürfe. Mir war klar: Ich war an allem schuld. Ich hasste mich. Mit meinen Eltern und meinem Bruder konnte ich über dieses Thema nie reden. Jeder hatte sich seine Schutzmauer aufgebaut. Bis heute.

Als ich zehn Jahre alt war, entdeckte ich in der Bar meines Vaters eine Flasche achtzigprozentigen Rum. Ich nahm einen Schluck und merkte, dass mich der Alkohol nicht nur vergesslich, sondern auch lustig machte. Selbst die Kopf- und Magenschmerzen, die ich öfters hatte, verschwanden. Ich hatte ein richtiges Wundermittel entdeckt. Im Laufe der Jahre nahm ich immer öfter von diesem „Wundermittel". Meine Selbstvorwürfe wurden so stark, dass ich Depressionen bekam. Ich wurde aggressiv, zertrümmerte Flaschen und Gläser. Mit den Scherben zerschnitt ich mir Arme und Beine. Das Trauma aus meinen Kindheitstagen begleitete mich ständig. Was ich auch tat – ich brachte es nur zu durchschnittlichen Erfolgen. Ich war mit meinem Leben nicht zufrieden.

In meiner Zeit bei der Bundeswehr war ich oft in psychologischer Behandlung. Ich war nervlich am Ende und kam mit dieser Welt nicht mehr klar. Da mir aber scheinbar auch von professioneller Seite niemand helfen konnte, entschied ich mich, dem Alkohol freie Bahn zu geben. Ich gehörte zwar nie zu denen, die viel gesoffen haben, aber zu denjenigen, die ständig besoffen waren. Irgendwann lernte ich etwas Neues kennen: Haschisch. Das wurde jedoch mit der Zeit sehr teuer. Zu teuer. Ich versuchte per Spielautomaten an Geld zu kommen. Wenig später musste ich wegen meiner Schulden das Auto verkaufen. Die meiste Zeit verbrachte ich mit Pennern, die im Park saßen, Schnaps soffen und aus weggeschmissenen Zigaretten neue bastelten. Ich verlor eine Stelle nach der anderen. Dann flog ich auch aus meiner Wohnung. Um zu signalisieren, dass ich Hilfe brauchte, schnitt ich mir die Pulsader auf.

Aber anscheinend wollte niemand sehen, wie schlecht es mir ging. Irgendwann erinnerte ich mich wieder an Jesus und dass ich wegen ihm ständig in die Kirche gehen musste. Ich nahm die

Bibel in die Hand um herauszufinden, warum Gott das alles zulässt, und bemerkte, dass die Bibelstellen tatsächlich in mein Leben passten. Mir wurde plötzlich klar, dass die Bibel durch den lebt, der sie liest.

Viel später führte ich dann ein Gespräch, wie ich es noch nie vorher erlebt hatte. Ich stellte mir vor, dass Gott in meinem Zimmer steht, und bot ihm einen Platz an. Ich redete mit ihm, schrie ihn an. Ich klagte und weinte. Dann bat ich ihn, mir meine Sünden zu vergeben, mein Leben in die Hand zu nehmen und mich aus dieser Sucht herauszuholen. Als ich aufgehört hatte zu beten, wurde es ruhig in mir. Es war eine Ruhe, die ich so noch nie kennengelernt hatte.

Gott schenkte mir neue Freunde. Freunde, die Verständnis für mich haben. Leute, die mich aufbauen, wenn ich schwach bin. Menschen, die mich immer wieder dran erinnern, dass ich frei bin. Dass ich nicht mehr alleine kämpfen muss.

In einem Chat lernte ich eine Frau kennen, der ich mein Leid klagte. Zusammen überlegten wir, was ich gegen meine Sucht tun könnte. Wir entschieden uns, dass ich einen Typen anrufe, der vor Kurzem ein Wohnheim gekauft hatte, um dort Alkoholiker aufzunehmen, die alles verloren oder versoffen hatten.

Bernd, so hieß dieser Mann, kam also zu mir, um mit mir zu reden. Am nächsten Tag war ich im Entzug und eine Woche später für sieben Monate in einer Therapie. Es ging alles rasend schnell. Normalerweise muss man sechs Monate bis ein Jahr auf einen Therapieplatz warten. Bei mir klappte es von heute auf morgen. War das Gott? Kerstin, die Frau aus dem Internet, wuchs mir ans Herz. Sie kam mich jede Woche besuchen, obwohl sie jedes Mal 800 Kilometer fahren musste. Sie begleitete mich durch die ganze Therapie, lachte und weinte mit mir und baute mich auf, wenn ich nicht mehr weitermachen wollte.

Die sieben Monate der Therapie waren schwer für mich. Aber ich merkte, dass Jesus an meiner Seite war und zusammen mit Kerstin mit mir durch die Therapie ging. Für uns war klar, dass ich nach dieser Zeit aus meiner alten Umgebung raus musste. Weg von den Orten, die mein bisheriges Leben bestimmt haben. Weg von den wenigen Freunden, die kifften, soffen, zockten und mich immer weiter in den Ruin trieben. Ich zog zu Kerstin, in eine neue Umgebung, in ein neues Leben, zu neuen Freunden, zu einer neuen Chance. Kerstin und ich sind jetzt schon seit mehreren Jahren verheiratet. Die größte Macht des Universums kämpft an meiner Seite und verspricht mir: ‚Sei tapfer und entschlossen, lass dich nicht erschrecken und verliere nie den Mut. Denn ich, dein Herr, bin bei dir, wohin du auch gehst' (nach Josua 1,9)."

Wenn Du wieder traurig bist

Wenn Du wieder traurig bist, über Dich
Dein Herz gefangen, sich nach Nähe sehnt
Die Seele klemmt, sie hängt, und baumelt nicht
Niemand da, der sich zu Dir bequemt.

Der Sinn, gerät ganz still ins Wanken
Dein Kurs versteuert sich im Wind
Die Wellen, die Dich übermannten
Nehmen Dir die Sicht, sie stör'n und machen dich blind.

Ich bleib an Deiner Seite
Halt Dich und kümmer mich
Deine Pläne mögen scheitern
Doch meine mit Dir nicht
Schließ Dich in meine Arme
Bis der Sturm vorüber ist
Ich werd mich Dir erbarmen
Ich lass Dich nicht im Stich.

Wenn Du wieder mutlos bist, tief in Dir
Deine Kräfte lassen langsam nach
Für neue Perspektiven fehlt Dir das Gespür
Die Grübelei hält Dich nachts nur wach.

Dein Selbstwert, ist wie Wachs geschmolzen
Du bist Dir, Deiner Selbst nicht mehr bewusst
Es fehlt um Dich ein Mensch, der auf Dich stolz ist
Keiner teilt Deine Tränen und niemand nimmt Dir den Frust.

Text und Melodie: Andi Weiss

Ein „Ja“ zum Scheitern finden

In meiner Arbeit als Seelsorger begegnen mir Menschen, die immer wieder von ihren guten Vorsätzen berichten. Menschen, die den Kampf mit ihren Problemen beschreiben – aber gleichzeitig über ihre Niederlagen klagen. Wie gut kenne ich das aus meinem eigenen Leben! Da nehme ich mir etwas am Altjahresabend vor und kaum ist Silvester vorbei, halte ich mich schon nicht mehr daran. Ich fühle mich schlecht und träge.

Wie gut wäre es, wenn ich mich selbst besser einschätzen und mir erst dann etwas vornehmen würde. Wenn ich im Vorfeld einfach realistischer sehen würde, wo meine Bedürfnisse eigentlich liegen, was ich tatsächlich leisten kann und will. Dann würde ich vielleicht merken, dass ich meine Vorhaben nicht halten kann und am Ende enttäuscht werde. Auf die (Selbst-)Täuschung folgt die Enttäuschung. Doch Scheitern trägt auch etwas Gutes in sich. Gerhardt Teerstegen bekennt: *„Ich wäre untergegangen, wäre ich nicht untergegangen …"*

Krisen sind die besten Chancen, das eigene Leben neu zu überdenken. Sie öffnen mir den Blick, mich meiner Vergangenheit zu stellen. Dafür braucht es zunächst eine wichtige Erkenntnis: *„Ich kann nicht mehr!"* Bevor dieser Satz nicht in mir reift, ist kaum Rettung in Sicht. Meist bringt erst eine Krise den nötigen Leidensdruck mit sich, der dann die Kraft und den Mut zur Veränderung schafft. Bis ich mir mein Scheitern eingestehen kann, werde ich mit allen möglichen Methoden versuchen, anderweitig den Kopf aus der Schlinge zu ziehen. Wir neigen dazu, die Dinge zu beschönigen *(„Anderen geht es viel schlechter als mir.")*, zu verdrängen *(„Die Schläge meiner Eltern haben mir auch nicht geschadet.")* und die Schuld zu verschieben *(„Der Staat, die Kirche … und wer noch alles daran schuld sein könnte …")*. Fast immer geht es in einer Krise auch um Schuld. Aber es geht meist um viel mehr. Es geht vor allem um das Verstehen. Und entscheidend ist nicht die momentane Niederlage, sondern der langfristige, liebevolle Blick, mit dem ich mich selbst ernst nehme. Ein Satz von Max Frisch beschäftigt mich: *„Heimat ist nicht durch Behaglichkeit definiert. Wer Heimat sagt, nimmt mehr auf sich."* Die Auseinandersetzung mit der Heimat bedeutet also, die ganze Bandbreite des Lebens ehrlich zu betrachten. Auch das Scheitern, das Versagen, die Schuld.

Gut und böse

In vielen Gesprächen merke ich, wie schwer es manchem fällt, den altmodischen Begriff der „Sünde“ für sich selbst richtig zu füllen. Die einen verbinden damit das berühmte Stück Sahnetorte, das eben *„eine Sünde wert“* ist. Andere dürfen sich nur noch eine einzige *Verkehrssünde* erlauben, dann ist der Schein weg. Für manche religiösen Menschen steht das Wort Sünde beängstigend wie eine dunkle Gewitterwolke über ihrem Lebensalltag. Es lässt sie aus Angst vor dem eigenen Versagen und dem drohenden Zorn Gottes kaum einen freien Gedanken fassen, ohne dabei ein schlechtes Gewissen zu bekommen.

Ich habe das selbst oft erlebt. „Strafprediger“ und „Weltuntergangsmahner“ unserer Zeit schreien uns die Drohungen eines rachsüchtigen Gottes entgegen. Missverstandene Moralvorstellungen und unerreichbare Heiligkeitsebenen werden oft von Generation zu Generation weitergegeben, ohne sie wirklich zu hinterfragen. Nur selten erfüllen Menschen annähernd diese Vorstellungen.

„Es wird zu viel geglaubt – zu wenig erzählt!“, singt Herbert Grönemeyer. Aber wieso auch? Mit dieser Doppelmoral lebt man gut. Unschöne Dinge werden weggeschwiegen und wenn sie doch einmal in die Nähe des Tageslichts geraten, weggeredet. Wer tabuisiert, verleugnet und verachtet sich selbst. Wer sich selbst nicht wertschätzt und sein Problem ernst nimmt, geht auch nicht auf die Suche nach den eigentlichen Ursachen.

In uns herrscht der Kampf zwischen Gut und Böse, Richtig und Falsch. Das ist kein Problem unserer Zeit. Schon der Apostel Paulus sagt von sich selbst (im Brief an die Römer im siebten Kapitel, Verse 19 und 20): *„Denn das Gute, das ich will, das tue* *ich nicht; sondern das Böse, das ich nicht will, das tue ich. Wenn ich aber tue, was ich nicht will, so tue nicht ich es, sondern die Sünde, die in mir wohnt.“*

Wenn er sagt, dass *„die Sünde in ihm wohnt“*, dann ist Sünde mehr als eine falsche Tat oder ein gebrochenes Gebot. Der Begriff der Sünde ist nicht auf die Dinge begrenzt, die ich selbst in meinem Leben falsch mache oder gemacht habe, sondern umschreibt all das Dunkle und Zerstörerische, das auch andere in mein Leben getragen haben. Für Martin Luther ist in der Sündenfrage die innere Haltung Gott gegenüber viel entscheidender als die Tat. Luther vermutet, dass wir uns entweder zu groß oder zu klein fühlen, um Gott zu begegnen. Beides endet in der Krise. Fühlen wir uns zu groß, leben wir unser Leben wie bisher. Was kann uns denn schon passieren? Fühlen wir uns zu klein, zu schuldig und zu schlecht, dann vergraben wir unser anvertrautes Gut aus Angst und Schamgefühl. Das eigentliche Problem wird weggeschoben. Das Leben geht weiter, wenn auch in einer Parallelwelt. Die Realität wird verdrängt und verschwiegen. An wichtigen biographischen Markern oder besonderen Höhepunkten werden sich und anderen neue Treuegelübde geschworen – oder am Altjahresabend für immer Besserung gelobt. Über alles wird gesprochen – nur nicht über die Probleme selbst. Es gehört zur Würde des Menschen, Schuldbewusstsein nicht nur zu verdrängen sondern auch zu seiner Verantwortung, zu seiner Schuld, zu stehen.

Ein alter Indianer saß einmal mit seinem Enkelsohn am Lagerfeuer. Es war schon dunkel geworden und das Feuer knackte, während die Flammen in den Himmel züngelten. Der Alte sagte nach einer Weile des Schweigens: *„Weißt du, wie ich mich manchmal fühle? Es ist, als ob da zwei Wölfe in meinem Herzen* *miteinander kämpfen würden. Einer der beiden ist rachsüchtig, aggressiv und grausam. Der andere hingegen ist liebevoll, sanft und mitfühlend." „Welcher der beiden wird den Kampf um dein Herz gewinnen?"*, fragte der Junge. „*Der Wolf, dem ich mich zuwende und den ich füttere*", antwortete der Alte.

Das will ich!

Je stärker etwas tabuisiert wird, desto mehr gewinnt es Macht über uns. Je weniger ich etwas haben darf, desto stärker wird mein Verlangen danach. In der Psychologie wurde dieses Verhalten erstmals von Jack W. Brehm mit der „*Reaktanztheorie*"* begründet. Das, was ich gerade nicht haben kann, stellt meinen größten Wunsch dar. Rückt etwas in unerreichbare Ferne, muss ich es unbedingt besitzen. Wird mir etwas immer wieder verboten, erhöht sich die Wahrscheinlichkeit enorm, dass ich dieses Verbot nicht einhalte. Kommt Ihnen das in Ihrem Leben bekannt vor?

Ein gutes Beispiel für die Wirksamkeit dieser Theorie finden wir in den Geschichten von „*Tom Sawyer und Huckleberry Finn*". Der umtriebige Tom bringt seine Tante Polly durch seine verrückten Ideen und Taten ins Schwitzen. Diese brummt ihm dafür die unterschiedlichsten Strafen auf. Eines Tages muss Tom Tante Pollys Gartenzaun streichen. Aber was macht der findige Lausejunge? Er „verkauft" seinen gleichaltrigen Freunden das Zaunstreichen als etwas Besonderes. Wer diesen Zaun streichen darf, dem wird eine besondere Ehre zuteil. Und so helfen die Jungs ihm dann nicht nur, den Zaun zu streichen,

* Jack W. Brehm „Die Theorie der Reaktanz", 1966

sondern bezahlen sogar noch dafür. Die Zeitung *„Spektrum Wissenschaft"* schreibt über dieses Vorgehen von Tom Sawyer: *„Die Handlung des Zaunstreichens war plötzlich eine exklusive Option. Und genau damit arbeitet die Reaktanztheorie in der Konsumentenpsychologie. Reaktanz bedeutet, dass eine Option oder Alternative, die bedroht ist oder verloren scheint, aufgewertet wird. Obwohl der Konsument viele Möglichkeiten hat, erscheint die bedrohte am interessantesten."**

Verehrte weibliche Leserschaft, wenn Sie nun lächelnd über das Verhalten der Jungs nachdenken, die sich treudoof ihren Gelüsten „einen Zaun streichen zu dürfen" hingeben und dafür auch noch zahlen, dann beobachten Sie bitte beim nächsten Kaufhausbesuch Ihre körperlichen Reaktionen, wenn Sie über einem überteuerten Kleidungsstück, das Ihnen gar nicht so überragend gefällt, ein Schild lesen *„Nur noch kurze Zeit im Angebot!"*. Auch dieses Verhalten beschreibt die Reaktanztheorie …

Aussprechen, was mich belastet

Nach einem Konzert sagte mir neulich eine Besucherin einen Satz, der mich sehr berührte: *„Glück ist für mich, dass ich in meinem Leben nicht mehr verschweigen muss, dass ich alkoholkrank bin. Endlich muss ich nichts mehr heimlich machen! Ich darf zu meiner Krankheit stehen, an ihr arbeiten und mit ihr leben. Ich möchte keinen Tag meines Lebens missen – denn alles war für etwas gut – so schlecht auch manches war. Sonst wäre ich*

* Spektrum Wissenschaft „Welche literarische Figur bediente sich erfolgreich der Reaktanztheorie", www.wissenschaft-online.de

heute nicht der Mensch, der ich bin – mit meinen Gedanken, mit meinem Wissen."

Da ist jemand dankbar für sein Leben, das doch alles andere als nur glücklich verlaufen ist. Dankbar für Schattenseiten, das eigene Versagen, die Tiefpunkte, weil sie zu einer neuen Erkenntnis geführt haben. Wofür bin ich dankbar? Ich überlege, was ich in meinem Leben bisher geschafft und auf die Reihe gebracht habe. Und ich komme dabei auch ins Grübeln, wo ich Menschen vielleicht durch meine Art, zu leben und zu reden, verletzt habe. Wo ich sie zu wenig geachtet habe, weil sie anders sind, als ich mir das vorstelle. Ich merke, wie in mir Schuldgefühle aufsteigen. Darüber, dass ich an vielen Stellen versagt, schlecht gehandelt habe. *„Du bist schlecht!"* Wie oft hat man das schon gehört.

Wir definieren uns selbst – und auch gegenseitig – oft über das, was wir nicht können, statt über das, was wir können. Wir klagen uns selbst an, anstatt uns verstehen zu lernen. Verstehen heißt dabei nicht, dass ich damit alle meine Taten rechtfertige. Aber ich lerne Zusammenhänge einzuordnen. Dieses Verstehen entschuldigt nicht – aber es entlastet. Verstehen mindert nicht die Schwere der Tat – aber es eröffnet mir die Möglichkeit, aus einer neuen Perspektive heraus das Problem wirklich anzugehen.

Vielleicht ist es gut, die Dinge, die ich seit meiner Kindheit mit mir herumtrage, endlich einmal beim Namen zu nennen und Verletzungen auszusprechen. Wenn wir lernen, die Menschen, die uns bewusst oder unbewusst Steine in unser Lebensgepäck gepackt haben, anzuklagen, dann lernen wir auch, auf Augenhöhe mit ihnen zu sprechen. Dann kommen wir wirklich bei uns selbst, dann kommen wir zu Hause an.

Wie viele Väter haben ihren Kindern im Streit gesagt, dass sie nur „ein Unfall" waren? Wie viele Lehrer bezeichnen schlechte Schüler vor der ganzen Klasse als Vollidioten? Wie viele wurden von ihren Freundinnen und Freunden gehänselt, weil sie als Kind ein kleines Pummelchen waren? Es ist wichtig, diese Verletzungen auszusprechen. Jede Freude und jeder Schmerz ist Teil meiner Person, gehört zu mir. In der Auseinandersetzung mit den „guten und schlechten Tagen“ meines Lebens lerne ich mich kennen – in meiner Freude und in meiner Trauer. Wer nicht weiß, wer er wirklich ist, wird immer ein anderer sein wollen. Wer nicht bei sich ankommt, findet keine richtige Heimat. Ich weiß: zu meiner Person gehört beides: das Gute wie das Schlechte.

Sich mit dem eigenen Lebensweg versöhnen

Was wollen Sie Ihren Eltern schon lange sagen, trauen sich aber nicht, es auszusprechen? Gibt es andere Menschen, mit denen Sie noch „eine Rechnung offen haben“? Vielleicht hilft es Ihnen, wenn Sie denen, die Sie verletzt haben, einmal einen Brief schreiben. Für was wollen Sie Ihnen danken? Für was klagen Sie sie an? In diesem Brief können Sie ganz ehrlich sein, denn ob Sie diese Zeilen wirklich zur Post bringen, liegt ganz bei Ihnen. Es ist auch nicht von entscheidender Bedeutung, ob Sie ihn abschicken. Sollten Sie den Brief tatsächlich an Ihre Eltern oder wen auch immer schicken, dann machen Sie sich bereits wieder von deren Reaktion abhängig. Vielleicht sieht das Gegenüber Ihre Anklage nicht ein, relativiert Ihre Gefühle oder geht zu einem Gegenangriff über. Es geht nicht darum, über Recht und Unrecht Gericht zu halten, sondern vor allem darum, Ihre eigene Erfahrungswelt zu verstehen und sich so selbst anzunehmen. Sie entscheiden, ob eine Aussage in Ihrem Leben wahr werden darf oder nicht.

Welche Eigenschaften stören Sie an sich? Wo scheitern Sie regelmäßig im Leben? Notieren Sie diese Punkte und sammeln Sie Ideen, welche Bedürfnisse hinter diesem Verhalten stehen. Wie könnten diese Bedürfnisse gestillt werden? Wem oder was geben wir eigentlich die Macht über unser Leben? Welche Themen bestimmen unsere Gedanken? „*Der Abgrund verschlingt den, der ständig in ihn hineinblickt*“, mahnt Nietzsche und unterstreicht die warnenden Gedanken aus dem Talmud: „*Achte auf deine Gedanken, denn sie werden zu Worten. Achte auf deine Worte, denn sie werden zu Handlungen. Achte auf deine Handlungen, denn sie werden zu Gewohnheiten. Achte auf deine Gewohnheiten, denn sie werden dein Charakter. Achte auf deinen Charakter, denn er wird dein Schicksal.*“

Wenn ich lerne, Zusammenhänge zu verstehen, dann kann ich lernen, mit meiner Vergangenheit zu leben. Das heißt noch lange nicht, dass ich meinen Eltern, meinen Lehrern, meinen Mitschülern und all den anderen, mit denen ich vielleicht nicht zurechtkam, alles vergeben, alles vergessen muss. Manche Schmerzen und Verletzungen kann man nicht sofort vergessen und manche Taten kann man nicht (sofort) vergeben – man muss es auch nicht. Aber wenn ich verstehe, dass jeder Mensch seine eigene Geschichte hat, dann kann ich das Verständnis, das ich mir für mich erarbeitet habe, auch anderen zugestehen. Jeder Vater hat auch eine Geschichte als Sohn, jede Mutter ihre eigene Geschichte als Tochter. Jede Lehrerin war selbst auch einmal Schülerin und ist es in manchen Punkten bis heute. Alles, was sie erlebt haben, spielt in die Geschichte hinein, die ich mit ihnen erlebe.

Es gibt Taten, die in der momentanen Vorstellung des Opfers sicherlich nie vergeben werden können. Aber ich darf wissen, dass ich diese Last in diesem Moment (jetzt!) abgeben kann – auch wenn ich sie nicht vergeben kann. Ich kann lernen, ein Leben zu leben, in dem diese Lasten keine Macht mehr über mich haben.

Im vierten Gebot heißt es: *„Du sollst deinen Vater und deine Mutter ehren, auf dass du lange lebest in dem Lande, das dir der Herr, dein Gott geben wird."* (2. Mose 20,12). Viele Menschen meinen, dass dieses Gebot bedeutet: *„Die Eltern haben immer recht – in allem was sie tun und sagen."* Ich glaube in diesem Gebot steckt eine ganz andere, tiefere Lebensweisheit. Wer seine Eltern ehrt, der nimmt sie ernst. Wer seine Eltern ernst nimmt, der würdigt auch die Lebensbiographie der Eltern. Wenn ich mich selbst ernst nehme, mit all meinen Gefühlen und meiner Geschichte, dann kann ich auch meine Eltern ernst nehmen mit ihrer Geschichte.

Die Annahme meiner eigenen Lebensbiographie bedeutet aber nicht die endgültige Trennung zwischen „Dunkel und Hell", zwischen „Gut und Schlecht". Für viele Menschen ist der Lebensalltag zum „Kreuz" geworden. Die Schwere der Last ist für sie kaum zu tragen.

Immer und immer wieder scheitert man in den kleinsten Auseinandersetzungen des Lebens. Paulus glaubt fest daran, dass dieser innere Kampf einen guten Ausgang haben kann. *„Überwindet das Böse mit Gutem"*, ermutigt er uns im 12. Kapitel des Briefes an die Römer (12,21).

Es ist typisch menschlich, wenn wir vor lauter Angst wie ein Hase den Blick nicht von der bedrohlichen Schlange wegnehmen können. Keiner ist nur schlecht. Jeder hat etwas Gutes zu geben. Und beides ist ein Teil von uns. Wir selbst entscheiden, welcher Teil unser Leben stärker bestimmen darf.

Sich selbst in der Lebenswirklichkeit ernst- und wahrzunehmen, heißt nicht nur die Defizite ernst- und anzunehmen, sondern sich bewusst auch den guten Seiten zu widmen. Johannes Bosco ermutigt: *„Halte dich fest an Gott. Mache es wie der Vogel, der nicht aufhört zu singen, auch wenn der Ast bricht. Denn er weiß, dass er Flügel hat."*

Lass es raus

Hast lang vergraben – was raus gehört.
Hast tief versteckt – was schon lange stört.
Hast Dich nie gespürt, nie ernsthaft bedacht.
Fenster verschlossen und Türen zugemacht.

Hast Deine Träume verdrängt und stets versteckt.
Warst lang verschollen und wurdest nicht entdeckt.
Doch nun bricht endlich alles raus.
Lass es fließen und stau es nicht mehr auf.

Lass es raus, lass es raus
Lass was Dich drückt endlich geh'n
Lass es raus, lass es raus
Ich weiß die Blumen werden wieder blüh'n
auch wenn wir jetzt mit Tränen säen.

Hast ein Geschenk, ein Ohr, ein gutes Wort.
Hast eine Hilfe, die sich um Deine Seele sorgt.
Der Wind steht gut, mach die Segel groß.
Dem Kind in Dir geht's gut, komm, jetzt segel los.

Du hast gelernt, stark zu sein.
Nutz diese Kraft, komm brech Mauern ein.
Und du wirst wieder Wunder sehn und
trotz aller Deiner Tränen
nicht mehr untergeh'n.

Text und Melodie: Andi Weiss

3

Bei wem bin ich zu Hause?

Was man sucht, wenn man sucht

Als meine Frau und ich uns vor über zehn Jahren kennenlernten, zogen wir schon am Ende des ersten Tages durch die regnerische Nacht und verübten Klingelstreiche. Ich weiß, es lässt tief blicken, wenn ich Ihnen sage, dass dies für mich einer der Indikatoren war, um tief in meinem Herzen zu wissen, dass meine Suche nach der richtigen Frau fürs Leben ein Ende gefunden hatte. Eine befreundete Psychologin sagte uns kurze Zeit später: *„Ich kenne kein Pärchen, das besser zusammenpasst als ihr beide!“* Meine Güte, das steigerte die Anzahl der Schmetterlingsflügelschläge in unserem Bauch enorm. *„Wollt ihr denn auch wissen, warum?“*, fragte sie. Natürlich wollten wir das wissen. *„Ich kenne keinen Mann, der es mit dir, Martina, aushalten würde und keine andere Frau, die es mit Andi aushalten würde!“* Das war dann nicht mehr ganz so romantisch. Kein Jahr später wurde aus diesem „Notbund“, wie wir unsere Beziehung nach dieser netten Ansage scherzhaft nannten, eine Dauereinrichtung. Wir haben geheiratet.

„Liebe macht blind und frisst Dreck und Grind“, war einer der großen Sprüche meiner Oma. Also Augen auf bei der Partnerwahl! Was suche ich eigentlich? Was erwarte ich mir von meinem Partner? Welche Antworten auf meine Wünsche und Sehnsüchte hoffe ich zu finden? Und was mache ich, wenn mein Partner meine Wünsche scheinbar nicht erfüllen kann?

Ein anderer guter Spruch meiner Oma war: „*Aus einer schönen Schüssel kann man nicht essen.*“ Selbstkritisch war das bestimmt nicht gemeint, denn meine Oma war eine schöne Frau! Der Satz lädt vielmehr ein, die innere Schönheit eines Menschen zu entdecken. Natürlich isst das Auge auch mit. Aber das ist nicht alles. Finde ich meinen Partner auch dann noch attraktiv, wenn die Haare grau werden, die Haut im Gesicht erste Falten wirft und die Schwerkraft den Kampf trotz aller Maßnahmen gewinnt? Was ist wirkliche Schönheit? Welcher Partner ist für mich morgen noch attraktiv und anziehend?

Von der spannenden Schönheit des Miteinanders

Vor einem Jahr haben wir uns ein neues Auto zugelegt, nein, zulegen müssen. Das alte hatte einen Totalschaden (um Ihre neutrale Einstellung meiner Frau und mir gegenüber zu wahren, erzähle ich Ihnen nicht, wer das Auto damals gefahren hatte …). Nach langer Suche hatten wir endlich ein Modell gefunden, auf das wir uns in einem basisdemokratischen Prozess gemeinsam einigen konnten. Meine Frau meinte irgendwann: „*Ach, treff' einfach du die Entscheidung!*“. Ist sie nicht toll, meine Frau? Nun waren wir also zum ersten Mal Besitzer eines Neuwagens und ich entdeckte die reinlichen Fähigkeiten eines Mannes, wenn er nur das richtige Objekt vor Augen hat (… ich meine damit das Auto). Da wird nach jeder kurzen Fahrt der Lack nach Kratzern untersucht und die Waschanlage wird zur zweiten Heimat.

Wenige Wochen nachdem das neue Pferd in unserem Stall stand, ich war gerade einige Tage unterwegs, rief mich meine Frau auf dem Handy an und schimpfte mehr als zehn Minuten auf irgendeinen Idioten, der das Auto schlecht in die Garage eingeparkt hatte. Jetzt müssen Sie allerdings noch wissen, dass das Auto ausschließlich von mir und meiner Frau gefahren wird. Wenige Sekunden später rundete sie dann die Geschichte mit der Information ab, dass sie nur deshalb den Zaun in der Ausfahrt angefahren hatte. Ich war erschrocken, konnte aber aus der Ferne nicht mit meinem Auto sprechen, um es zu trösten. Aber meine Frau beruhigte mich. Nein, man würde nichts sehen.

Als ich nach ein paar Tagen von meiner Reise nach Hause kam und das Auto aus der Garage holen wollte, fielen mir wieder die Worte meiner Frau ein. Trotzdem schaute ich mir den Kotflügel an. Nur eine wunderbar geschwungene Acht gab ganz sachte den Hinweis, dass die Fahrerin nicht nur einmal an den Zaun gefahren war. Das, was ihr vermutlich mehrmaliges Hin und Her sichtbar der Nachwelt hinterließ, war aus ihrer Sicht nicht der Rede wert gewesen.

Was macht ein Mann, der sich schützend vor seine Frau stellen möchte? Richtig! Er fährt einfach bei der nächsten Gelegenheit rückwärts auf ein anderes Auto auf, um mit einer neuen Stoßstange sichtbare Zeichen der Vergebung zu setzen.

Beziehungen fordern heraus und führen uns manchmal an unsere Grenzen. Was bringt Menschen dazu, einen Bund einzugehen „bis dass der Tod sie scheidet"? Und wie sieht es mit der an so einer festlichen Hochzeit gerne überhörten Textstelle aus dem Trauversprechen aus? „In guten und in schlechten Tagen" …

Ein Freund erzählte mir neulich von einem ganz besonderen Erlebnis bei einem Hochzeitsgottesdienst. Da die Braut aus Irland und der Bräutigam aus Deutschland kam, versammelte sich eine zweisprachige Festgemeinde in der Kirche. Der Pfarrer, ein herzlicher, älterer Herr, wollte die ganze Hochzeitsgemeinde ansprechen. Deshalb streute er in den Gottesdienst immer wieder auch einzelne Teile der Liturgie und der Predigt in Englisch ein. Die Trauung nahm ihren Lauf. Als das Pärchen schließlich vor dem Altar kniete, erklärte der Geistliche ausführlich und in werbenden Worten, dass Jesus Christus ein großes Vorbild für das Zusammenleben zweier Menschen sei. Im Leben, wie im Sterben. Ehepaare dürften sich daran orientieren, wie Jesus selbst seinen Peinigern vergeben hatte. Noch am Kreuz hätte Jesus gesagt: *„Vater, vergib ihnen, was sie tun!"* Diesen – und nur diesen Satz – wiederholte er voller Inbrunst auf Englisch vor dem knienden Paar. Das ließ den englischsprachigen Teil der Hochzeitsgesellschaft doch etwas irritiert aufhorchen.

Was bei dieser Hochzeitsgesellschaft sicherlich auch noch Jahre später Gelächter verursacht, scheint für manche Paare tatsächlich bitterer Ernst zu werden. Schon wenige Jahre nach der Hochzeit kommen die Fragen, zumindest leise im Herzen, auf: *„Wussten wir, was wir da taten?"* Wie oft ist das der Beginn eines erkalteten Nebeneinanders, statt eines ringenden Miteinanders.

Wieso verletzen wir eigentlich oft die Menschen am stärksten, die wir doch eigentlich am meisten lieben?

Wenn dich dein Partner schafft

Im Eifer des Gefechts sagt sie zu ihm – es hätte natürlich auch umgekehrt sein können – *„Das will ich dir sagen: Bevor ich dich kennenlernte, hätte ich fünf andere heiraten können. Die waren alle klüger und gescheiter als du!"* Der Ehemann antwortet spontan ganz trocken: *„Was sie auch bewiesen haben!"*

Allein die vielen Beziehungswitze, die sich Menschen erzählen, weisen darauf hin, wie spannend und herausfordernd das Leben mit einem Partner sein kann.

Ein älterer Herr erzählte mir an seinem 60. Hochzeitstag: *„Wir haben in den ganzen 60 Jahren nicht einmal miteinander gestritten!" „Der Arme!"*, denke ich. Schon Goethe wusste: *„Im Ehestand muss man sich manchmal streiten, denn dadurch erfährt man was voneinander!"* Aber wie schaffe ich eine gesunde Auseinandersetzung mit meinem Partner, ohne ihn zu verletzen und ihn stattdessen spüren zu lassen, dass dieses gemeinsame Ringen wichtig für unsere Partnerschaft ist? Wie kann ich so etwas wie Heimat in der Beziehung mit meinem Partner entdecken? Wie kann ich mich so für ihn öffnen, dass er mir mit seinem Dasein wirklich zur Heimat in guten wie in schlechten Zeiten werden kann? Arthur Schopenhauer erzählt in einer Geschichte von einer „Gesellschaft Stachelschweine", die sich an einem kalten Wintertag recht nahe zusammendrängt, um sich durch die entstehende Wärme gegenseitig vor dem Erfrieren zu schützen. Allerdings spüren die Schweine bald ihre Stacheln und entfernen sich wieder voneinander. Als sie das Bedürfnis nach Wärme dann nach einer Weile wieder näher zusammenbringt, wiederholt sich alles, sodass sie zwischen beiden Leiden hin und her geworfen werden. Dies geht so lange, bis sie miteinander die richtige Entfernung herausgefunden haben, in der sie es am besten miteinander aushalten können.*

„Manche Ehe mag nach überstandenem Sturme glücklicher und segensreicher geworden sein, als sie vorher war", formulierte der deutsche Theologe und Philosoph Friedrich Schleiermacher

* Arthur Schopenhauer, Parerga und Paralipomena II, Zürcher Ausgabe, S. 708 f.

vor gut 200 Jahren. Um gemeinsam die Stürme des Lebens überstehen zu können, braucht es die Kunst und die Lust, miteinander und nicht gegeneinander zu kämpfen.

Viele Alltagsquengeleien haben oft einen tieferen Unterbau. Da verliert man sich in der Diskussion, wer nun wie oft den Müll rausgebracht oder wer schon wieder die Zahnpastatube offen gelassen hat. Aber was stört uns wirklich an der offenen Zahnpastatube? Warum liefern sich Paare solche Debatten an den räumlichen Schnittpunkten des Zusammenlebens? Ist es uns wirklich wichtig, ob die Tube ordentlich aufgerollt oder das Besteck richtig eingeräumt ist? Oder sind das die kleinen Lackmusteststreifen der ehelichen Kommunikation, mit denen überprüft werden kann, ob mich der andere versteht? An denen ich sehen kann, ob er mir zuhört, mich ernst nimmt, ob er bereit ist, auf meine Wünschen und Vorstellungen einzugehen?

Es ist wichtig, mir die Bedürfnisse meines Partners und auch meine eigenen Bedürfnisse vor Augen zu führen: *Was mag ich an meinem Partner oder meiner Partnerin? Was bedeutet mir die Beziehung? Welche Ansprüche hat sie an mich? Was hält mich bei meinem Partner, meiner Partnerin? Ginge es mir ohne den anderen besser oder schlechter?*

Was braucht meine Familie, um Familie zu sein?

Was bedeutet mir meine Familie? Ginge es mir ohne sie besser oder schlechter?

Was wünsche ich mir am meisten? Und was würde ich mir an Stelle meines Partners, meiner Partnerin, meiner Kinder wünschen?

Nehmen Sie sich Zeit, um über alle Fragen gründlich nachzudenken.

Vielleicht lässt sich Ihr Partner auch darauf ein, die Fragen gleichzeitig mit Ihnen anzugehen. Manchmal neigen Paare dazu, Dinge schnell zu zerreden. Ich gehe hier nur von mir selbst aus. In diesem Fall ist es vielleicht ein Weg, die Antworten aufzuschreiben und sie sich anschließend gegenseitig zum Lesen zu geben. Das Aufschreiben gibt jedem die Möglichkeit, alles zur Sprache zu bringen, ohne unterbrochen zu werden.

Ich liebe es, mit meiner Frau spazieren zu gehen. Unterwegs können wir uns viel erzählen, Erlebnisse und Gedanken austauschen. Während wir uns bewegen, teilen wir, was uns bewegt. Und ich liebe es, mit meiner Frau in die Sauna zu gehen. Nach einer Zeit des Schweigens entsteht im Nachhinein oft eine gute Gesprächsatmosphäre.

Wenn das Gras auf der anderen Seite grüner scheint

Auf der anderen Seite des Ufers ist das Gras immer grüner! Andere haben die attraktiveren, erfolgreicheren, lustigeren, charmanteren … (ach lassen wir das!) Partner! Wechseln Sie einmal die Blickrichtung!! Fragen Sie nicht, was Ihr Partner im Vergleich zu anderen alles nicht hat. Sondern vergleichen Sie einmal das, was Ihre Frau, was Ihr Mann alles hat, was andere nicht haben. Dieser Gedanke bringt zumindest mich zum Träumen und macht mich immer wieder dankbar und glücklich.

Die meisten Tage einer Ehe sind sicher keine „Schmetterlinge im Bauch"-Tage, aber ist es nicht Glück, die Gewissheit zu haben, sich aufeinander verlassen zu können? Ist es nicht schön, auf etwas zu vertrauen, auch dann, wenn es ein Wagnis ohne große Sicherheiten ist?

Es ist modern, der Ehe als solches zu misstrauen. Für viele ist sie heute leider mit dem Gefühl der Unfreiheit und der Langeweile verbunden. Sie steht in den Augen vieler auch für ein sinnloses Mühen, denn jede zweite Ehe scheitert. Viele haben einfach Angst, sich zu früh an einen einzigen Menschen zu binden, ihre Freiheit zu verlieren, wo doch so vieles möglich scheint.

Das mag alles sein. Ich möchte aber trotzdem die positiven Aspekte einer Ehe nicht aus den Augen verlieren. Der Mensch ist darauf angelegt, in Räumen der Verlässlichkeit zu leben. Bei allem Drang nach Freiheit und Abwechslung ist es gut, einen Anker zu setzen, zu wissen, wo man hingehört. Es ist ein großes Glück, wenn Liebende auf dem Weg durchs Leben wissen, dass sie einen Bund geschlossen haben, der sie in Höhen und Tiefen zusammengehören lässt.

Wenn heute von „Lebensabschnittsgefährten“ gesprochen wird, ist das Wort „Abschied“ immer schon mit dabei. Für jeden Abschnitt meines Lebens suche ich mir den richtigen Partner. Den für die Studentenbude, für die WG, den netten Kumpel zum „Pferdestehlen“. Die Frau oder den Mann zum Vorzeigen, zum Repräsentieren, als schmückendes Beiwerk für den beruflichen Aufstieg. Die Partnerin, die den Haushalt macht und mir den Rücken freihält – oder die, mit der ich mich im fortgeschrittenen Alter noch einmal sexuell richtig austoben kann. Sicherlich ist das alles maßlos überzeichnet, so berechnend denken zum Glück nur wenige. Aber vielleicht steckt manches davon hinter der Formulierung „wir haben uns auseinandergelebt“. „Lebensabschnittsgefährten“ sind Partner für einen Zeitraum, der in sich das Moment der Begrenzung trägt. Das hat einen ganz anderen Klang als das Trauversprechen „bis das der Tod uns scheidet", der in sich, wenn ich mir das andere Modell betrachte, ein großes Maß an Barmherzigkeit und Liebe verströmt, auch wenn er zunächst härter klingt.

Ich wünsche Ihnen den Mut, sich einem Partner dauerhaft hingeben zu können. Nicht um sich wegen des anderen aufzuopfern, Ihre eigene Bedürfnisse zurückzustellen und dabei Ihre Wünsche und Aggressionen zu unterdrücken – sondern um das Glück zu erfahren, was es heißt, wirklich zu lieben. Ich wünsche Ihnen einen Partner, der Ihnen auch der beste Freund ist. Denn wie Hildegard Knef sagt: *„Bei der Freundschaft fängt's erst an, interessant zu werden. Sich paaren können auch Hunde."*

Familie

Als jüngstes Kind meiner Familie kam ich mit drei größeren Geschwistern zur Welt. Ich war ein Wunschkind. Das lag nicht nur an meinem Wunsch, bald das Licht der Welt zu erblicken. Die Familienmär erzählt, dass mein älterer Bruder sich bei meiner Mutter gleich im Krankenhaus bedankte, weil sie ihm noch ein jüngeres Brüderchen geschenkt hatte. Es ist schön, willkommen zu sein!

Meine Geschwister waren vier, fünf und sechs Jahre älter. Da lernt man bald, sich zu behaupten. Auf die Frage, warum so ein großer zeitlicher Abstand zwischen meinen Geschwistern und mir liegt, habe ich später im Scherz über viele Jahre hinweg erzählt, dass meine Eltern es halt wenigstens einmal richtig hinbekommen wollten – und es auch erfolgreich geschafft haben!

Meine älteren Geschwister nahmen mich schnell mit hinein in die Welt der Großen. Schon recht früh erzählten sie mir von meiner Herkunft. Glaubten andere in meinem Alter noch an Störche, an Bienen und Blumen, war ich schon bald wissender Teil eines fast erwachsenen Universums. Meine Geschwister hatten es mir verraten: eines Tages hatte mich der Nachbar in einem Schuhkarton vor die Tür gelegt. Wie gut, dass ich das wusste!

Ich liebte es, Super-8-Filme mit Familienerlebnissen anzusehen. Das waren besondere Tage, wenn die Jalousien heruntergelassen wurden, mein Vater es schaffte, den Film einzulegen, und der Filmprojektor zu rattern begann.

Vier Kinder zu haben hieß für meine Eltern natürlich auch, vier Münder und vier Herzen zu versorgen – nicht nur mit Nahrung. Es war klar, dass derjenige unter den Kindern zu Wort kam, dessen Wortmeldung am lautesten und kreativsten war. Natürlich versuchte jeder von uns immer ganz vorne dabei zu sein ...

Wir hatten einen Familienpfiff. Die ersten Töne von dem Lied „Ich weiß, dass einer mit mir geht". Hatte man sich bei Ausflügen aus den Augen verloren, half unser Pfiff immer bei der Suche.

Das Leben in unserer Siedlung war spannend. Da gab es Banden und die dazugehörigen Kriege. Gemeinsam machten wir Flohmarktbesuche, bei denen ich mein erwirtschaftetes Geld sofort in neuen Ramsch investierte. Oder mein Freund Max und ich teilten uns einen Stand und verkauften uns unsere Spielsachen gegenseitig. Da gab es zu Hause Geburtstagsfeiern mit Olympiaden und Preisen, Schnitzeljagden und vieles mehr.

Ich, der Kleine, war natürlich immer mit von der Partie. In dieser Zeit habe ich, glaube ich, auch die Scheu vor Älteren verloren. Noch heute fällt meiner Frau und mir immer wieder auf, wie viele freundschaftliche Kontakte wir mit Menschen pflegen, die deutlich älter als wir sind.

In der Erinnerung schmecke ich auch die verschiedenen Speisen, die es an bestimmten Tagen oder zu besonderen Festen gab. Ich denke an die Würstchen und den schlesischen Kartoffelsalat am Samstagabend, an den Karpfen mit Lebkuchensoße an Heiligabend. Da gab es Phasen, in denen meine Mutter ihre Küchenrezepte mit hohem biologischen Bewusstsein garnierte. Brauner Zucker kam ins Haus oder Vollkornspaghetti. Manches blieb und manches blieb einmalig. Einige Gerichte verschlang ich regelrecht und mit anderen wusste ich auch kreativ umzugehen – sobald niemand mehr in der Küche war. Bis heute habe ich mit Matjeshering noch keine Freundschaft schließen können.

Und es gab regelmäßige „Familientermine“. Zum Beispiel den gemeinsamen Kirchenbesuch am Sonntagmorgen, bei dem die Familie Weiss – meist etwas zu spät – während des ersten Liedes auf die Empore rumpelte. Es waren auch die Zeiten, in denen im Fernsehen noch Familienprogramm lief. Fernsehsendungen wie die „Schwarzwaldklinik“ mit Dr. Brinkmann, das „Traumschiff“, „Ich heirate eine Familie“ und natürlich „Wetten das?“, damals noch mit Frank Elstner, versammelten die ganze Familie vor dem Fernseher. Nicht zu vergessen die Karnevalssitzung „Mainz, wie es singt und lacht“ in der Faschingszeit. Ich stellte einen Kassettenrecorder vor den Fernseher, um die aufgenommenen Reime dann später auswendig zu lernen, um sie meiner Familie vorzutragen zu können. Schnell flossen bei mir Tränen, wenn jemand durch sein Reden die Aufnahme störte oder zu laut lachte.

Um Familienfeiern einigermaßen heil zu überstehen, gab es von meinen Eltern die Parole: „Ihr spielt Steine!“ Was wir dann – so gut es eben ging – auch taten. Auf der Heimfahrt wurde anschließend der aufgestauten Kreativität freien Lauf gelassen.

Die Schulferien begannen damals nicht mit dem Gong am letzten Schultag, sondern wenn jeder auf einem Stück Stoff einen Knopf annähen und ein Loch stopfen konnte. Noch heute schauen mir manche Männer neidisch zu, wenn ich auf Freizeiten dieses früh erworbene Wissen einbringen kann. Warum erzähle ich Ihnen das alles? Es sind für mich nicht nur nette Erinnerungen an meine Kindheit. Kinder brauchen Wurzeln, brauchen Ansprache, brauchen Begegnungen und Freiraum, um im direkten Miteinander Verantwortung zu lernen. Kinder brauchen auf dieser Entdeckungsreise Begleitung und Schutz.

Viele Bilder ziehen vor meinem geistigen Auge vorüber, wenn ich mich auf die Spur meiner Erinnerungen begebe. Sicherlich geht es Ihnen, wenn Sie sich darauf einlassen, ähnlich. Oft ist es ein vertrauter Gegenstand aus Kindertagen, der bei mir eine Art „Kino im Kopf“ auslöst. Interessant, wie viele Bilder sich nacheinander öffnen und wie intensiv sich Erinnerungen unserer Kinderzeit einprägten.

In den Oster- oder Pfingstferien ging es immer ab in den Süden. Ich schmecke heute noch die Hähnchenschenkel, die meine Mutter für uns am Rastplatz auspackte. Und die Freude war groß, wenn wir nach der langen Fahrt im Auto in den frühen und grauen Morgenstunden kurz vor dem Ziel aufwachten. Wir machten ein Spiel daraus, wer wohl als Erster das Meer entdeckte. Unsere Ziele waren ganz verschieden. Mal ging es nach Italien, mal nach Ungarn, nach Südtirol oder nach Kroatien. Mit Kroatien verbinde ich eine ganz besondere Ferienerfahrung. Ich war noch ein kleines Kind und konnte nicht schwimmen. Als ich eines Tages mit meinem Bruder am Strand war, meinte der: „Komm, wir spielen Rettungsschwimmer!", und lief auch schon los. Ich, wie immer, hinterher. Wenn „die Großen" etwas machten, wollte ich natürlich mit dabei sein. Keine Frage! Also ab ins Wasser. Leider hatte ich in der Eile meine Schwimmflügel vergessen und sprang ohne sie von der Felskante ins tiefe Wasser.

Ich habe heute noch das Bild vor Augen, wie ich unter Wasser die Augen aufmache, strample, weil ich nicht schwimmen kann, und dann sehe, wie eine Hand nach mir greift. Dann zieht sie mich aus dem Wasser. Das „Rettungsschwimmerspiel" hatte seinen Namen wirklich zu Recht. Jahrelang haben wir uns in der Familie diese Geschichte erzählt. Wenn ich mich an diese Begebenheit erinnere, habe ich immer auch einen riesigen Strand vor Augen. Ein Meer mit hohen Wellen und dunklen Untiefen – und manchmal war ich nah dran, in meine Rettungserzählung auch noch ein Krokodil mit einzubauen.

Als ich viele Jahre später mit meiner Frau noch einmal Urlaub in Kroatien machte, wollte ich mir den Ort des Geschehens noch einmal ansehen. Ich mietete mir ein Fahrrad und machte mich auf den Weg zum besagten Strand. Nach einiger Zeit hatte ich ihn endlich auch gefunden. Und? Ich war enttäuscht. Ich war so was von enttäuscht! Der Strand, den ich als übergroß, mit hohen Felsen und dunklen, vom Sturm aufgepeitschten Wellen in Erinnerung hatte, entpuppte sich als kleine, süße, schnuckelige Bucht. Das Wasser ging mir dort auch zu Kindertagen vielleicht nur bis zu den Hüften. Auf jeden Fall war es weit weniger spannend, als ich es mir vorgestellt hatte.

Überhaupt: Erinnerungen an die Kinderzeit erscheinen uns oft groß und großartig. Gerüche und Erlebnisse, Abenteuer und Begegnungen haben sich wie ein großartiger Kinofilm in unser Herz gemalt. Wie schön ist es, diese alten Geschichten und Erlebnisse auszugraben und miteinander zu teilen.

Das Geschichtenerzählen habe ich von meinem Vater gelernt. Ich liebte es, wenn Besuch kam, manche Geschichte von ihm zum hundertsten Mal zu hören. Viele Sätze kannte ich schon auswendig und wartete gespannt auf die Pointe, die mein Vater gleich erzählen würde. Ich freute mich auf die bekannten Erzählwege und genoss die kleinen veränderten Nuancen wie fremdes Gewürz in einem Lieblingsgericht.

Erzählte Geschichten gab es auch, wenn wir auf Verwandtschaftsbesuchen waren. Die Oma, die Tante und der Onkel packten ihre Kriegserlebnisse aus, dann wurde es still. Ich lauschte gespannt ihren packenden Geschichten, die für mich zeitlich so sehr weit weg waren, aber durch den vertrauten Erzähler doch ganz nah an mein Herz drangen. Wie sehr brauchen wir unsere Alten. Nicht nur die Eltern, sondern die Großeltern, die Tanten und Onkel. Menschen, die ihre Lebensweisheit und die selbst erfahrenen Geschichten über Generationen hinweg weitergeben.

Wir vergraben und missachten einen großen Schatz, wenn wir unsere Alten aus unserem Lebensalltag verbannen. In grauer Vorzeit waren die Alten auch die Dorfweisen, ihr Wissen war wertvoll für alle. Ihr Wert und ihre Würde wurde geachtet, hochgehalten und geehrt. Sie konnten von der Geschichte ihres Ortes oder ihrer Vorfahren berichten, wussten, was man essen darf und was nicht, hielten Gericht und konnten kluge Lebensratschläge geben.

Was verlieren wir, wenn wir unsere Alten nicht in ihrer Lebensweisheit ehren? Ich glaube, unser Land verarmt und verkümmert, wenn wir nur den jungen, spritzigen Ideen nachjagen, die unseren Lebensalltag unterhaltend gestalten sollen.

... und wenn sie groß werden, dann gib ihnen Flügel!

Ein Kind braucht die Familie für seine Entwicklung. Es braucht Wurzeln und Halt, braucht Hilfestellungen, um für das spätere, eigenständige Leben zu lernen.

Was für einen Schatz trägt ein erwachsener Mensch in sich, wenn er früh gelernt hat, zu teilen und nicht nur auf sich zu sehen. Was für ein Geschenk ist es, wenn ein Kind ein Erprobungsumfeld hat, um Kommunikation und gute Umgangsformen zu lernen. Wie wichtig ist es, mit festen Abläufen und Traditionen aufzuwachsen, Familienzusammenhalt zu erleben und so einen geschützten Ort zu haben, an dem Geglücktes gemeinsam gefeiert und Probleme zusammen gewälzt werden können.

Genauso wie ein Kind für seine Entwicklung Wurzeln braucht, so braucht es auch den Tag des Abschieds vom Elternhaus. Es ist ein spannender Moment, wenn wir uns von unseren Eltern lösen. Es ist wichtig, sich nicht nur räumlich aus dem Elternhaus zu verabschieden, sondern auch eigene Antworten auf existenzielle Lebensfragen zu finden.

Kinder, die sich nicht in einer guten Art und Weise von den Eltern lösen dürfen, werden immer wieder pubertierend in ihrem Verhalten sein. Viele müssen sich über das definieren, was sie schlecht finden. Sie müssen aufbegehren, ausbrechen und Neuland entdecken, um zu sich selbst zu finden. Wie existenziell bedeutend ist es, in diesem – nicht immer schmerzfreien – Prozess im Gespräch zu bleiben. Nicht selten wird dieser Ablöseprozess mit einem beidseitigen Schweigen eingeläutet. Wie traurig, wenn dieser Prozess mit gegenseitigen Verletzungen einhergeht und das Ergebnis am Ende Stillstand ist. Ein Stillstand, der in Unzufriedenheit endet.

Wie schade ist es, wenn in Familien nicht miteinander gesprochen wird. Wenn die Enttäuschung des Vaters überwiegt, weil der Sohn nicht den elterlichen Betrieb übernommen hat, sondern seine eigenen beruflichen Vorstellungen verfolgt. Wenn die Tochter, nicht der Mutter gleich, ihren Beruf an den Nagel hängt, wenn sie eine Familie gründet, sondern ihre eigenen Vorstellungen auslebt.

Die Bibel erzählt die Geschichte von Jakob und Esau, die ich in diesem Zusammenhang bemerkenswert finde. Jakob war lange unterwegs, hatte sich von seinem Elternhaus im Zorn getrennt. Jetzt ist er auf dem Weg nach Hause. Und er hat Angst vor seinem Bruder, der ihn umbringen wollte. Dann aber stellt sich seine Angst als unbegründet heraus. Die beiden versöhnen sich, ziehen aber dann doch unterschiedliche Wege.

Es braucht auch innerhalb der Familie und unter den Geschwistern einen respektvollen Abstand. Wir müssen lernen, die Lebensführung des anderen zu respektieren, auch wenn wir selbst alles anders machen würden.

Es ist ein großes Geschenk und Grund zur Freude, wenn wir unseren Eltern, unseren Geschwistern und unseren eigenen Kindern auf diese Weise begegnen können. Respekt vor dem jeweiligen Lebensweg. Einem Weg, den wir selbst nie bis ins Detail nachvollziehen können. Das ist eine gute Basis für ein gelingendes Miteinander aller Generationen.

Wenn der Familienhalt nicht hält

„Froh zu sein bedarf es wenig – doch wer froh ist, ist ein König!“, trällert ein Lied. Das stimmt, denke ich mir. Wer ist nicht gerne froh? Wer ist nicht gerne glücklich? Und doch reihen sich in unserem Leben Geschichten ein, die unser Herz schwer machen. Was tragen wir nur alles für Lasten durch unser Leben? Oft sind es Lasten, die wir teilweise schon recht früh in unserer Kindheit aufgeladen bekommen haben. Plötzlich bröckelt das Bild der heilen Familienwelt. Die Familie – unsere eigentliche Heimat und Ort der Geborgenheit – ist für viele Menschen leider eher ein Ort negativer Erfahrungen.

Eine kleine jüdische Geschichte bringt das mit einem Augenzwinkern auf den Punkt. Eines Tages kündigt sich in einer jüdischen Familie die Verwandtschaft zu Besuch an. Immer wieder fällt das Wort *„Mischpoche“*, das jüdische Wort für Verwandtschaft. Der kleine Salomon wundert sich, weil er das Wort nicht kennt und fragt erstaunt seinen Vater: *„Papa, was ist Mischpoche? Ist das etwas zu Essen?“* Der Vater ist sichtlich unerfreut über den nahenden Besuch und sagt: *„Mischpoche? Nein, das ist nichts zum Essen, mein kleiner Salomon! Mischpoche, das ist zum Kotzen!“*

Was würden Menschen entdecken, wenn sie mit einem Röntgenblick hinter die Mauern unserer Wohnungen und Häuser blicken könnten? Vielleicht würden sie über Alkoholmissbrauch, körperliche und verbale Gewalt, psychischen und physischen Missbrauch erschrecken. Viele Generationen haben diese Lasten leise durch ihr Leben getragen. Denn eines ist klar, Familiengeheimnisse verrät man nicht. *„Blut ist dicker als Wasser!“*, sagt ein Sprichwort, und wer mit anderen darüber spricht, was zu Hause passiert, der verrät den Familienverbund. Kinder stellen nicht die Frage nach „richtig" oder „falsch". Sie denken und handeln anders als Erwachsene. Und sie leiden oft unter Gewalt derer, denen sie anvertraut sind. Erzieher und Psychologen sind sich sicher, dass bei Kindern neben dem körperlichen Schmerz die erfahrene Demütigung Folgen haben wird, auch wenn viele immer noch glauben: *„Eine Ohrfeige hat noch niemandem geschadet."* Das Gefühl der Ohnmacht und Hilflosigkeit lässt oft tiefe Narben in der Seele eines Menschen zurück. Das Kind fragt sich, wieso ihm Menschen so etwas antun können. Es verliert das kindliche Vertrauen. Gerade dieses Urvertrauen wäre so nötig, um selbstbewusst erwachsen zu werden.

Viele Eltern überblicken in Momenten, in denen sie die Beherrschung verlieren, nicht, welche weitreichenden Folgen die eigenen unverarbeiteten Lebensthemen für ihre Kinder haben. Manche tragen oft selbst, von Generation zu Generation, dunkle Geheimnisse in sich. Wie viel Gewalt, wie viel Schweigen wird vererbt? Die Austropopband S.T.S. singt: *„Kinder hab'n ihr'n Kopf so frei / Du kannst sie spielend lenken / Dazu brauchst keine grobe Hand / Und so kleine Herzen bluten still / Manchesmal a ganzes Leb'n lang / Wer g'schlag'n wird, is oft zum Schlag'n verdammt."* *

Ein Mann, den ich auf den ersten Blick als sehr bodenständig und geerdet wahrnahm, erzählte mir, wie er mit seinen Brüdern gegen die Scheidung der Eltern randalierte: *„Als Achtjähriger habe ich zusammen mit meinen Brüdern das ganze Inventar samt unseren Betten aus dem Fenster geworfen, bis unsere Mut-*

* Text: Günther Timischl, S.T.S., © Schreibmaier GmbH, Wien

ter ein Gitter vor dem Fenster hat anbringen lassen. Dann haben wir eben die Dinge so klein geschlagen, dass sie durch das Gitter gepasst haben.“

Was tun Eltern ihren Kindern an, wenn sie nicht bereit sind, ihre Probleme anzugehen und so den Schmerz auf dem Rücken der Kinder austragen? Viel zu oft werden die Hilfeschreie der Kinder überhört und viel zu selten trauen sich Erwachsene nicht, erlösende und befreiende Hilfe in Anspruch zu nehmen. Negative Erlebnisse werden weggeschoben, verdrängt oder abgespalten.

Frühjahrsputz im Lebenshaus

Wenn es in unserer Familie früher Streit gab, dann „flüchtete“ ich ans Klavier. Dort war ich für mich. Ich konnte meinen Gefühlen eine „Stimme“ geben und so das ausdrücken, was ich mit Worten nicht gekonnt hätte. Heute habe ich das Liederschreiben für mich als eine Art heilsames Geschenk entdeckt, um den Momenten und Gefühlen meines Lebens Raum zu geben. Sonst würde ich sie vielleicht wortkarg in einer Art innerer Rumpelkammer horten.

Was tragen Sie noch mit sich herum? Welche Verletzungen aus der Vergangenheit kratzen noch an Ihrer Seele? Und was tun Sie dagegen? Was tun Sie sich Gutes? Wo sorgen Sie sich um Ihre Seele? Wo ist Ihre „Insel“?

Wie sieht Ihr Lebenshaus aus? Nehmen Sie sich einmal ein Blatt Papier und malen Sie Ihr eigenes Lebenshaus. Zuerst braucht es ein Fundament. Was trägt Sie? Was gibt Ihnen Halt? Auf was bauen Sie Ihr Leben? Was gibt Ihnen Kraft, was hält Sie?

Was horten Sie in Ihrem Keller? Wie viele Kisten haben Sie gut verpackt in dunklen Räumen abgestellt? Welche „Leichen im Keller“ schlummern dort still und unausgesprochen? Was liegt auf dem Speicher? Welche Sätze haben sich dort eingenistet? Ermutigen Sie diese Aussagen, oder nehmen sie Ihnen die Kraft, Dinge anzugehen?

Wie sieht es in Ihrem Schlafzimmer, in Ihrem Arbeitszimmer, in der Küche aus? Was passiert in Ihrem Vorgarten? Wie gehen Sie mit Ihren Nachbarn um?

Gehen Sie in aller Ruhe durch die einzelnen Räume Ihres Lebenshauses. Wo liegen bisher ungenützte und unentdeckte Ressourcen? In welchem Raum kommen Sie zur Ruhe? In welchen Räumen schlummern Geheimnisse? Auf welche davon sind Sie stolz, dass Sie diese wohlbehütet für sich bewahren konnten? Und welche davon sind Ihnen unangenehm und peinlich? In welchen Räumen würden Sie gerne die Jalousien hochziehen und endlich Luft und Licht hereinlassen?

Jesus erzählt das Gleichnis einer Frau, die in ihrem Haus eine Drachme verloren hat (Lukas, 15). Sie stellt alle Möbel um, verrückt Tische und Bänke, bis sie das verlorene Geldstück wiedergefunden hat. Für den Mystiker Johannes Tauler steht dieses Gleichnis für die Krise der Lebensmitte.

Wir haben uns gut eingerichtet, vielleicht Karriere gemacht, uns Wohlstand erarbeitet, Kinder bekommen, die meisten Pläne durchgezogen – aber wir haben dabei den inneren Menschen vernachlässigt und so den Kontakt zu unserem Seelengrund verloren. Dann kommt Gott, wie die Frau im Gleichnis, und stellt unser Lebenshaus auf den Kopf, verrückt Möbel, schlägt die Teppiche beiseite, öffnet Fenster und zieht die Jalousien hoch.

Johannes Tauler sieht in der Krise der Lebensmitte Gott selbst am Werk. Er greift ein, bringt vielleicht alles durcheinander, aber schafft am Ende eine neue Ordnung.

Wir beginnen unser eigenes Leben infrage zu stellen, gehen auf die Suche nach dem verlorenen Sinn. Wenn wir das zulassen, ist es der Anfang einer gesunden inneren Umkehr. Wir finden neuen Zugang zu unserer Seele. Wie leicht wäre es, für die Krise andere Schuldige zu suchen. Wie einfach gedacht, wenn man meinen würde, man müsse nur andere ändern, alte Bezugspunkte wechseln, Partner austauschen und durch neue ersetzen.

Es ist eine anstrengende Übung, sich der inneren Unruhe auszusetzen, in sich hineinzuhören, dabei nicht starr zu werden – sich all dem zu widmen, was an Ressourcen und Schätzen im Lebenshaus verborgen liegt. Einfach ist es nicht, auch das aufzudecken, was aus Scham lange Zeit heimlich unter den Teppich gekehrt wurde. Beides gehört zu Ihnen. Doch beides, das Gute wie das Schlechte, ist Teil Ihrer Geschichte, Teil Ihrer Persönlichkeit.

In unserer Gemeinde ist der stadtbekannte Landstreicher „DJ Lothar" Dauergast. Nicht selten wartet er nach dem Gottesdienst am Kirchenausgang und erhofft sich so ein paar Spenden. Sein Markenzeichen ist, neben seinem tief gebückten Gang, ein übervoller Einkaufswagen. In diesem transportiert er außer seinen „Überlebensutensilien" den wirrsten Krimskrams. Neulich wollte ein Gemeindeneuling, der unseren Stammgast noch nicht kannte, den Wagen zum Wertstoffhof bringen. Er dachte, jemand hätte einfach seinen Müll stehen lassen. Da schrie ihn in DJ Lothar an, schubste ihn unsanft vom Wagen weg. Und als sich der Mann dann bei ihm entschuldigte, dass er gedacht hätte, dass das alles einfach nur Müll wäre, lallte DJ Lothar: *„Natürlich ist das alles ein Scheiß – aber es ist mein Scheiß!"* So viel Philosophie in einem Satz hätte ich von ihm spontan nicht vermutet. Ja, denke ich mir, wie viel Müll, Scherben und schweren Ballast tragen wir in unserem Lebensgepäck herum? Ob wir wollen oder nicht, er gehört zu uns. Deshalb dürfen wir uns liebevoll damit auseinandersetzen.

Bärbel Schäfer sagte in einem Interview nach den Skandalen ihres Ehemanns Michel Friedmann: *„Flucht nützt nichts – man hätte den ganzen Ballast mitgeschleppt. Da räume ich lieber zu Hause auf."*

Stell Dich den Dingen

Gerade noch bunt – geh'n jetzt die Lichter aus
Du schleuderst wie im Trauma – nichts sieht mehr rosig aus
Hasst Deine Welt – verpasst was hält
Leben wird dann grausam – wenn sich niemand zu Dir stellt.

Stell dich den Dingen – aus vergangner Zeit
Ich weiß, Du kannst bezwingen – was Dich jetzt traurig treibt
Fasse Mut – glaub was Du siehst
Dein Herz kann erst heilen – wenn Du nicht vor Dir fliehst
Dein Herz kann erst heilen – wenn Du nicht vor Dir fliehst.

Ferner geschieht – was niemand erhofft
Wenn einer flieht – bestärkt das andre oft
Glaub' nicht, du lebst – Grund fremder Gunst
Andren zu gefallen – das ist doch keine Kunst.

Wie soll man Dich lieben – wenn Du Dich selbst nicht liebst
Und wie Dir vergeben – wenn Du Dir nicht vergibst
Leben heißt lernen – nur wer lebt, belebt
Du musst Dich nicht entfernen – damit es weitergeht.

Text und Melodie: Andi Weiss

„Ein Freund, ein guter Freund …"

„*… das ist das Beste was es gibt auf der Welt!*", sangen die Comedian Harmonists und Kurt Tucholsky schwärmt: „*Freundschaft, das ist wie Heimat.*" Auf den Umfragelisten über die Glücksvorstellungen der Deutschen findet sich „Freundschaft" durchgehend immer wieder auf Platz 1. Die Sehnsucht nach einem wirklichen Freund ist groß – aber nicht jedem ist es vergönnt, Freunde fürs Leben zu finden. Verschiedene Umfragen ergaben, dass 17 – 20 % der Deutschen keinen guten Freund besitzen.

Welchen Freund dürfte ich nachts um halb drei Uhr anrufen, weil ich ein dringendes Problem habe? Welchem meiner Freunde könnte ich ein wirklich peinliches oder schmerzliches Geheimnis erzählen – in der Gewissheit, dass er es nicht weitererzählt? Welcher Freund dürfte mich nach Strich und Faden kritisieren? Welcher Freund würde sich an einem Erfolg richtig mitfreuen?

Ich komme ins Grübeln und merke, da bleiben nicht viele übrig. Aber es gibt sie – ein paar wenige. Das ist eigentlich auch ganz gut so, denn die, von denen ich das fordern dürfte, dürften das Gleiche ja auch von mir verlangen. Das ist der Unterschied zwischen einem „Kontakt" und einer Freundschaft. Es ist der Weg von einer gefühlsmäßigen Einbahnstraße zu einem freigiebigen Dialog.

Haben Sie Freunde? Und wenn ja, wie viele? Ich meine nicht Ihre Kontakte in sozialen Netzwerken im Internet. Ich meine echte Freunde!

Oder suchen Sie welche? Was würden Sie in eine fiktive Freundessuchanzeige in einer Zeitung schreiben? Was wünschen und erwarten Sie sich von einem guten Freund, einer guten Freundin? Welche Eigenschaften sind Ihnen wichtig? Soll er, soll sie mit Ihnen viele deckungsgleiche Interessen haben? Oder wünschen Sie sich eher ein reibungsvolles Gegenüber?

Was darf ein Freund, was andere nicht dürften? Ich denke an ein Gespräch. Da zählte einer auf, für welche Lebensbereiche er welche Freunde hat: *„Dieser Freund ist dafür da, um mit mir in die Berge zu fahren, mit diesem mache ich Party, jenen rufe ich an, wenn mein Computer kaputt ist und …"* Ein anderer unterbrach ihn und sagte: *„Und welcher Freund darf dich kritisieren?"*

In einer richtigen Anzeige beschreibt sich der Suchende natürlich auch selbst! Wie würden Sie sich beschreiben? Hier geht es nicht um Äußerlichkeiten, sondern eher um die Frage, was Sie als beste Freundin, was Sie als bester Freund anderen zu bieten haben!

Dieses Jahr habe ich meinen Geburtstag zuerst mit einem feinen Essen am Ammersee und dann im Krankenhaus verbracht. Nein, nicht dass mir das Essen nicht bekommen wäre, sondern meine Frau und ich besuchten auf der Rückfahrt noch einen Freund und seine Frau. Er hatte sich zu einer Knochenmarkspende am nächsten Tag bereit erklärt. Es war ein toller Geburtstag. Wir holten uns Pizza, tranken Bier aus Pappbechern, meine Frau bastelte wundersame Tiere aus Einmalhandschuhen und wir schauten gemeinsam Tatort. Ich erzähle Ihnen die Geschichte nicht, um zu beweisen, was ich doch für ein toller Freund bin, der seinen Geburtstag mit anderen im Krankenhaus feiert. Ich fühlte mich in diesem Moment nicht als der Schenkende, sondern als der Beschenkte. Es ist wunderbar, nicht nur freundschaftliche Gesten gezeigt zu bekommen, sondern auch Freundschaft ausdrücken zu dürfen. Es war mein Geburtstagsgeschenk festzustellen, dass ich Freunde habe und dass ich dies auch zeigen durfte.

Weggefährten

Nicht alle Menschen, die mein Leben bereichern, würde ich als Freunde bezeichnen. Ich weiß nicht einmal, ob mir alle Menschen, die mein Leben bereichern, überhaupt freundlich gesinnt sind. Aber die Menschen, die sich in meinen Lebensweg einreihen, sind mir wichtig. Ich brauche die, die sich mit mir auf den Weg machen. Schon kurze Begegnungen versetzen mich oft ins Staunen oder bringen mich zum Umdenken.

Auch mein Glaube braucht Menschen, die mit mir auf der Suche sind. Menschen, die mir alte Schätze weitergeben, Weisheiten mit mir teilen, mich im Vorleben bei der Hand nehmen und mich lehren, dass man trotz eigener Zweifel leidenschaftlich leben und glauben kann. Sie machen mein Leben reich! Es gibt viele, die sagen, dass sie Christ geworden und geblieben sind, weil ihnen in anderen Menschen die Menschenfreundlichkeit Gottes begegnet ist. Weil ihnen andere durch ihr Handeln und ihr Engagement die Augen für das Handeln Christi geöffnet haben. Weil es Menschen gab, die ihnen Mut gemacht haben, durchzuhalten, wenn es schwierig wurde.

Auf Freizeiten kam ich als Jugendlicher immer schnell mit anderen in Kontakt. Schon in den ersten Stunden hatte ich Ansprechpartner in der zunächst fremden Masse gefunden. Meist wurden mit diesen schon wenig später die ersten Späße ausgeheckt. Und trotzdem stelle ich in der Rückschau fest, dass ich einen Großteil der Freizeit dann mit ganz anderen Jugendlichen verbracht habe, als mit denen der ersten Begegnung. Es ist gut, sich von der ersten oberflächlichen Meinung zu verabschieden, an der fremden Schale und auch am eigenen Kern kratzen zu lassen. Es ist ein Geschenk, den wahren Menschen und seine Qualitäten dahinter zu entdecken. Und ich glaube, wir brauchen die bunten Schätze in ihrer Unterschiedlichkeit. Was wären die Helden der Kinderbücher, die „5 Freunde" oder „Die Drei ???", wenn sie sich in ihrer Unterschiedlichkeit nicht so gut ergänzen würden?

Ich interessiere mich sehr für Menschen, die nicht meiner Meinung sind, die nicht meinen Beruf ausüben, nicht meine Geschichte teilen, nicht meinen Glauben haben. Von ihnen kann ich lernen – und ich darf sie vielleicht mit meinen eigenen Ansichten bereichern. Gemeinsam können wir ein Stück des Weges gehen, Ideale teilen, abgleichen, welche davon tragen und es wert sind, weitererzählt zu werden.

Wie finde ich heraus, welche Beziehungen besonders wertvoll sind?

Ich war auf einer Konzertreise in der Schweiz, da erreichte mich der Anruf meiner Frau. Ein Mann vom „Spiegel"-Magazin hätte sich gemeldet und wollte den *„bekannten Diakon und Musiker Andi Weiss"* sprechen. Er hätte eine sehr interessante Sache für mich und müsste unbedingt mit mir darüber reden. Meine Frau sagte ihm, dass ich erst wieder am Montag erreichbar wäre und vereinbarte mit ihm um elf Uhr einen Termin am Telefon. Während der Fahrt malte ich mir in den schönsten Farben aus, wie fein sich auf meiner Homepage das Logo des „Spiegel" machen würde. Ich richtete meine komplette Tagesplanung für den kommenden Montag nach diesem angekündigten Telefonat aus. Endlich war es so weit. Eine Stimme am anderen Ende meldete sich und fragte, ob hier der *„bekannte Diakon und Musiker Andi Weiss"* sei. Mit stolzgeschwellter Brust antwortete ich mit einem sonoren „Ja, ich habe mich schon sehr auf Ihren Anruf gefreut!". Die Stimme am anderen Ende nahm das freudig zur Kenntnis uns sagte: *„Herr Weiss, ich habe etwas ganz Besonderes mit Ihnen vor!"* Mein Gegenüber wurde mir immer sympathischer. Jetzt wollte ich aber wirklich wissen, was der vermeintliche Spiegelredakteur so Besonderes mit mir vorhatte. *„Herr Weiss, ich biete Ihnen Folgendes an. Wenn Sie heute ein Spiegel-Abo abschließen, dann bekommen Sie zwölf Ausgaben zum halben Preis!"*. Meine stolzgeschwellte Brust sank in sich zusammen.

Gut, dass wir uns jetzt schon über ein halbes Buch lang kennen. Sonst wäre es mir wirklich zu peinlich, Ihnen dieses Erlebnis zu erzählen.

Eine Woche später rief der gleiche Mann an und machte mir ein ähnliches Angebot für das Magazin „Focus". Im Gegensatz zu mir erinnerte er sich allerdings nicht mehr an unser letztes Gespräch …

Die Geschichte mit dem Abo ist nett, aber harmlos. Die wirklichen Enttäuschungen haben andere Dimensionen. Und sie kommen immer wieder vor. Wie traurig müssen Menschen sein, wenn sie plötzlich eigennützige Absichten und Interessen sogenannter „Freunde" herausfinden? Wie enttäuschend ist es für einen Menschen, der merkt, dass seine Freundschaft nur ausgenutzt wurde? Wenn ich mich auf jemanden verlassen habe und mein Vertrauen missbraucht wurde. Wie bitter ist es, wenn das anvertraute Geheimnis weitererzählt, die versprochene Hilfe nicht geleistet wurde? Oder wenn der beste Freund mit anderen Partei gegen mich ergreift.

Werner Schneyder stellt fest: *„Freundschaft ist, wenn dich einer für gutes Schwimmen lobt, nachdem du beim Segeln gekentert bist."* Wohl dem, der echte Freundschaften kennt, hat und lebt. Martin Luther sagte: *„Es soll keiner einen für seinen vertrauten Freund halten, er habe denn zuvor einen Scheffel Salz mit ihm gegessen."* Ich frage mich, bin ich bereit, diesen Preis zu zahlen?

Was bin ich bereit für eine Freundschaft zu investieren?

Mich bewegt die Geschichte des „Jungen mit dem gestreiften Pyjama", dessen Verfilmung vor einigen Jahren in unseren Kinos lief. Da muss der kleine Bruno mit acht Jahren aus dem nationalsozialistischen Berlin wegziehen, weil sein Vater, ein hoher Offizier, irgendwo auf dem Land einen neuen Posten bekommt. Bruno vermisst seine alten Freunde. Eines Tages lernt er im angrenzenden Waldstück den gleichaltrigen jüdischen Jungen Shmuel kennen. Allerdings lebt dieser hinter einem Zaun, hat einen kahl rasierten Kopf und trägt komischerweise einen gestreiften Pyjama. Die beiden werden Freunde. Die Mutter will eines Tages mit Bruno und seinen Geschwistern wieder nach Berlin zurückziehen. An diesem Tag vertraut ihm Shmuel an, dass er seinen Vater nicht finden kann. Shmuel besorgt ihm auch einen Pyjama, Bruno kriecht unter dem Zaun durch, um mit ihm gemeinsam den Vater zu suchen. Jetzt gehen Bruno die Augen auf und er sieht, was den Juden hier angetan wird. Soldaten kommen und schicken die beiden Jungen in die Gaskammern des Lagers. Bruno will wieder nach Hause. Aber er trägt den „Pyjama" und darf das Lager nicht verlassen. Er stirbt mit seinem Freund.

John Boyne, der Autor dieser Geschichte, sagte in einem Interview: *„Wenn du dieses Buch zu lesen beginnst, wirst du früher oder später an einem Zaun ankommen. Zäune wie diese existieren überall."*

Echte Freundschaften führen uns auch an „Zäune". Sie stellen uns die Frage, wie wichtig uns diese Freundschaft ist und wie viel wir bereit sind, für sie zu geben. Selbst der erfolgreichste und wohlhabendste Mensch auf der Welt wird feststellen, dass man alles auf der Welt kaufen kann – nur keine echten Freunde. Wenn Sie nach diesem Abschnitt noch einen einzigen Freund, eine einzige wirkliche Freundin aufzählen können, dann sind Sie ein glücklicher Mensch!

Liebe Dich gesund

Du hast niemanden lieber als Dich je gehabt
hast nie Dein Herz verschenkt.
Hast immer Dein eigenes Glück gejagt
Und jetzt wunderst Du Dich warum niemand
an Dich denkt.

Hast Dir niemals Sorgen um andre gemacht
mit niemandem Schmerzen geteilt
Hast immer die Schwächen der andern verlacht
Und jetzt fällt es Dir schwer, weil niemand bei Dir verweilt.

Liebe kann man nicht nur nehmen
Liebe bläht sich nicht auf
Liebe muss sich nicht bequemen
Liebe gibt niemals auf
Liebe sucht nicht das Ihre
Liebe braucht keinen Grund
Verlieb Dich in die Liebe
Und liebe Dich gesund.

Du sehnst Dich nach einer Heimat
Und nach Verbindlichkeit
Doch selbst bleibst Du nur versteinert
Gib was von Dir, du weißt, alles braucht seine Zeit.

Entdecke für Deine Wunden,
Liebe, denn Sie hält Dich fest
Aber Liebe ist doch kein Kleber
Den man in Sekunden für sich trocknen lässt.

Liebe ist keine Ware
Sie wird mehr, wenn Du Dich verschenkst
Sie trägt Dich bis zur Bahre
Selbst wenn Du grad nicht an sie denkst.
Liebe malt schöne Farben
Und treibt es doch nie zu bunt
Auf Liebe muss man nicht warten
Liebe Dich gesund.

Text und Melodie: Andi Weiss

4

Spiritualität – im Leben einen Halt finden

In vielen alten Kirchen und anderen mittelalterlichen Bauten gibt es in Fenstern, am Boden, an Wand oder Decke große Mosaikbilder. Sie sind aus vielen kleinen, farbigen Steinchen zusammengesetzt. Oftmals fehlen im Mosaik schon einige Teile oder Farben sind verblasst. Andere Bilder wiederum haben die Zeiten wunderbar überstanden oder wurden liebevoll restauriert. Sie leuchten im Sonnenlicht, sodass man glauben könnte, sie wären gerade erst geschaffen worden.

Solche Bilder faszinieren mich. Ich trete ganz dicht an sie heran, um noch mehr zu sehen. Doch wenn ich mich ganz dicht darüberbeuge, sehe ich zwar jeden einzelnen Stein, erkenne aber kaum das große Ganze.

Trete ich stattdessen einige Meter zurück, entfaltet das Mosaikbild aus der Distanz seine farbenprächtige Wirkung. Es ist geschaffen für große Räume.

Wie alt mag das Bild sein? Wer hat es gestaltet? Wie lange mag es gedauert haben, bis der oder die Künstler ein solches großes Bild aus den vielen einzelnen Steinen zusammengefügt hatten? Sicherlich Monate, wenn nicht gar Jahre.

Es brauchte eine ruhige Hand, Können, Ausdauer, Durchhaltevermögen – vor allem aber den liebevollen Blick des Künstlers auf das große Ganze und jedes einzelne Detail. Mosaikbilder in Kapellen, Kirchen und Kathedralen wurden zur Ehre Gottes geschaffen. Damit ein Teil seines Glanzes durch das Bild auf den Betrachter wirken kann.

Das Bild meines Glaubens, meine Spiritualität gleicht einem solchen Mosaikbild.

Es entstand nicht an einem Tag, sondern über viele Jahre hinweg hat sich Stein zu Stein gefügt. Ich hatte oft keinen Plan, wie es weitergeht, welcher Stein jetzt dran sein könnte. Einiges habe ich selbst zusammengetragen, anderes wurde von Eltern, Freunden, Wegbegleitern dazugelegt. Erst im Rückblick erkenne ich manche Szenen, die entstanden sind. Einiges wirkt auf mich auch noch nicht besonders gelungen. Da kleben schwarze, ziemlich hässliche Steine in einer sonst eigentlich ganz harmonisch gestalteten Ecke. Sie scheinen nicht zu passen und gehören doch dazu. Ich habe versucht, sie noch umzusetzen, aber der Mörtel war schon hart geworden. Ein paar habe ich mit großer Anstrengung herauslösen können, die anderen habe ich, meinem Gefühl folgend, an ihrem Platz gelassen.

Manchmal habe ich das Gefühl, dass ich mein Bild niemals fertig bekomme. Es ist einfach größer als meine Vorstellungskraft. Dann sitze ich ratlos mit einer Handvoll Steinchen daneben. Ich weiß nicht, was ich jetzt legen soll, ob und wie das nächste Steinchen überhaupt ins Bild passt. In solchen Momenten zweifle ich an mir selbst und meinem Vorhaben, weil es sinnlos scheint. Am liebsten würde ich alles hinwerfen. Aber der Zweifel, die Ecken und Kanten, da bin ich sicher, gehören dazu. Es geht nicht um den einzelnen Stein, auch wenn jede Facette ihre Bedeutung hat.

Ich weiß inzwischen, dass ich zurücktreten und das große Ganze betrachten muss. Aus der Distanz erkenne ich die Schönheit des Bildes, auch wenn manches noch nicht fertig ist. Und ich bekomme auch wieder den Blick für die einzigartigen Details.

Steinchen für Steinchen entsteht ein Bild. Bunte Facetten in Form von zahlreichen Begegnungen mit Menschen. Gute Gespräche, gehörte Worte, gelesene Texte.

Gottesdienste, Liturgie, Musik, Lieder. Schweigen – weiße Felder. Gottesbegegnungen und zweifelnde Fragen. Antworten und Enttäuschungen.

Als Kind besuchten wir nicht selten mit dem Kindergarten und später in Schulgottesdiensten die katholische Kirche. Anders als in unserem evangelischen Gotteshaus machten die Besucher beim Eintreten einen Knicks vor dem Altar und bekreuzigten sich mit Weihwasser. So komisch das für mein protestantisch geprägtes Kinderherz war, so fasziniert war ich von dieser ehrfürchtigen Geste. Ganz besonders staunte ich, als ich eines Tages sah, dass diesen Knicks nicht nur die alten Mütterchen und wohlerzogenen katholischen Kinder machten – nein, auch der Bürgermeister „knickste" vor dem Altar. In diesem Haus musste also ein noch Größerer und noch Mächtigerer als der Herr Bürgermeister wohnen. In diesen Momenten ahnte ich, dass es ein mir bis dahin unbekanntes, viel größeres „Du" geben musste. Hinter dieses Geheimnis wollte ich kommen.

Ich wurde älter und lernte Menschen kennen, die wie ich auf der Suche nach diesem „großen Du" waren. Schon als junger Mensch beeindruckten mich die unterschiedlichsten Wege und Formen dieser Gottessucher. Da gab es die, die ihre Erfahrungen mit mir teilten, die eigene Fragen und Erfahrungsschätze wie nötige Wegzehrung aus ihrem Lebensrucksack nahmen und mir zur Stärkung weitergaben. Und auch die, die einfach schweigend ihren Weg gingen und deren Spuren ich zunächst überhaupt nicht folgen konnte.

Steinchen für Steinchen fügt sich meine Erinnerung zusammen. Ein Bild über meinem Kinderbett: der gute Hirte, der ein Schaf liebevoll in seinen Armen hält. Die vielen Geschichten, die uns im Kindergottesdienst erzählt wurden. Oft war es spannend. Da ging es um die wildesten Dinge, die Menschen erlebten, um Siege und Niederlagen, Freude und Leid. Und immer wieder hörte ich von einem Gott, der mich lieb hat. Das hat mich als Kind sehr angesprochen.

Als Jugendlicher gehörte ich zum Posaunenchor meiner Kirchengemeinde. Mehr schlecht als recht blies ich meist unsaubere Töne. Dafür aber mit aufrichtigem Herzen! Ich war dabei – ich durfte dabei sein. Noch heute bin ich gerührt, wenn ich in Gottesdiensten Posaunenchöre alte Choräle spielen höre. *„Geh aus mein Herz und suche Freud"*, *„Nun danket alle Gott"* und *„Lobe den Herren"* haben sich mit ihren schwungvollen Melodien in meinem Herz eingenistet. Ich schmecke langfristigen Seelennektar, der nicht nur das Gefühl betont, sondern auch das Gemüt belohnt. Das sind die Momente, in denen ich das Wort „Glaube" mit den Wörtern „zusammen", „gemeinsam", „nicht allein" und „Du gehörst dazu" verbinde.

Dabei zu sein, mitmachen zu dürfen, dazuzugehören – Heimat zu finden und sich gegenseitig Heimat zu geben, das war für mich als junger Suchender ein hohes Gut. Kaum eine andere Erfahrungswelt meiner Kindheit habe ich so intensiv in guter Erinnerung. Noch heute zehre ich davon und merke, welche Aussagen und Lebensweisen langfristigen Bestand haben und welche Formen den Stürmen des Lebens standhalten können.

Meine Eltern haben uns als Kinder auf die unterschiedlichsten christlichen Veranstaltungen geschickt. Ich habe sehr interessante und manchmal auch sehr spannende Dinge erlebt. Einmal war ich als Teilnehmer auf einer Jugendfreizeit. Die Art und Weise, wie alle dort ihren Glauben lebten, war sehr emotional. Manche brachen während des Gottesdienstes in Tränen aus, andere hatten danach einen ganz besonderen Ausdruck im Gesicht. So etwas kannte ich nicht. Aber ich wollte natürlich auch gerne dazugehören.

Für mich war klar: Wenn ich einer von ihnen sein will, dann muss ich auch mal mit Tränen in den Augen nach dem Abendgottesdienst aus dem Saal gehen. Am nächsten Abend war ich perfekt vorbereitet. Ich hatte Taschentücher eingesteckt und rieb mir während der ganzen Veranstaltung die Augen. Ich zwang mich, die Augen offen zu halten, bis sie zu tränen begannen. Als der gewünschte Effekt endlich einsetzte, schnäuzte ich mich demonstrativ laut in mein Taschentuch. Es folgten tiefe Blicke in die Augen der anderen, die sich dummerweise alle unterhielten. Nur einer bemerkte mich. Der Leiter der Freizeit! *„Reiß dich zusammen, Junge!“*, ermahnte ich mich selbst, *„Das ist die Königsdisziplin! Wenn du den von deinem spirituellen Erlebnis der dritten Art überzeugst, dann hast du alle!“*. Ich ging auf ihn zu und sagte nichts. Meine roten Augen, die Bibel, die Taschentücher mussten einfach für sich selbst sprechen. Mit wenigen Worten zerstörte er aber meinen großen Auftritt: *„Du hast ja ganz rote Augen! Du bist sicher müde, oder? Jetzt geh mal lieber ganz schnell ins Bett!“*.

Gerne denke ich an meine Kindertage zurück. An Kindergottesdienst, Jungschar und Kinderkirchentag. Unbefangene Momente, in denen der Glaube gemeinsam gelebt und erfahren wurde. Wie wichtig ist es, gerade für einen jugendlichen Menschen, seinen Platz, sein Zuhause zu finden. Wir brauchen Orte, die wir einnehmen, ergreifen, beleben und so wohnlich machen können. Noch heute kann man auf der Kirchenempore meiner Heimatgemeinde den Namen „Andi“ eingeritzt finden. Ich selber habe ehrlich gesagt keine Ahnung, wer dieses Sakralgraffiti hinterlassen hat. Während meiner Kinder- und Jugendzeit saß immer nur unsere Familie in dieser Bank und trotzdem habe ich wirklich keine Vorstellung, wie dieser Schriftzug dort hingekommen sein könnte. „Ich habe Dich bei Deinem Namen gerufen “, heißt es in Jesaja 43. Jemanden beim Namen zu nennen, verleiht ihm Würde und macht den bereiteten Raum wohnlich. Ich frage mich: Wo dürfen Menschen in unseren Kirchen zu Hause sein?

Nach und nach entdeckte ich den Schatz, miteinander Leben zu teilen und Antworten auf die großen Fragen des Lebens zu suchen, ohne die Haftung zum Boden zu verlieren.

Dankbar bin ich für Menschen, die ihre Ideale lebten, die ganz bei sich waren. Oft waren sie wesentlich älter als ich. Voll Lebensweisheit und mit einem weiten Herzen malten sie mir mit ihrer Art zu leben ein Bild von Gott, das mir selbst Mut zum Glauben machte.

Steinchen für Steinchen fügt sich das Mosaikbild meines Glaubens. Ich entdecke in der Rückschau Lust und Frust, Ermutigung und Demütigung, geistige Höhenflüge und Krisen. Heilende Worte und auch Sätze, die mit bester Absicht von vermeintlichen Glaubenslehrern gesprochen, wie Abrissbirnen auf mein kleines Glaubenspflänzchen wirkten und statt Sicherheit zu vermitteln, Angst vor Gott machten. Schwarze und weiße Steinchen, aber durchaus auch goldene, die bis heute leuchten. Und es gibt immer noch Lücken im Bild. Das macht das Leben spannend.

Das Leben verschüttet manche Ahnung unter den Trümmern eingefallener Traumschlösser. Es ist eine harte Übung, diesen geheimnisvollen Geschmack aus alter Zeit wieder ausfindig zu machen und in das lebenserfahrene Jetzt glaubwürdig zu übersetzen. So manche Euphorie ist durch aufreibende Alltagsfragen in Ernüchterung umgeschlagen und in frühen Tagen gelernte Glaubensformen finden sich halbherzig geduldet im Reisegepäck des Lebens wieder. Sollte man seinen Glauben nicht ganz oder gar nicht leben? Sollte man nicht mit ganzem Herzen dabei sein, oder es doch lieber sein lassen? Ist dieses „Jein“ nicht auf Dauer scheinheilig? Speichert Gott wohl meine zweifelnden Gedanken, um sie mir eines Tages vorzuhalten? Notiert er wirklich jede meiner schlechten Taten und Gedanken, um sie mir dann im richtigen Moment unter die Nase zu reiben? In einer Predigt hörte ich als Jugendlicher einmal den Satz: *„Sei ganz sein – oder lass es ganz sein.“* Diese Worte brachten mich an meine Grenzen, weil ich wusste, wie mühsam und leidenschaftslos der Lebensalltag zwischen den erbaulichen Zeiten war. Will Gott mein Herz ganz oder gar nicht? Wäre es dann nicht ehrlicher, mit der ganze Sache Schluss zu machen, auszusteigen? Aber mich hatte dieses „große Du“ im guten Sinn gefangen und wollte mich nicht mehr loslassen. Der, der sich selbst als der *„Ich bin für Dich da“* bezeichnet, stellte sich über die Jahre meiner achterbahnartigen Lebensweise als größer und weitreichender heraus, als ich es mir in meinem kindlichen Glaubensbild ausgemalt hatte. Zaghaft, und manchmal zwiegespalten, halte ich diesem Gott heute immer wieder meine Seele, meine Gedanken, mein Leben und mein Herz hin und weiß dabei: an diesem Ort ist alles gut aufgehoben. Was man regelmäßig mit halbem Herzen tut, tut man wenigstens mit halbem Herzen. Dort, wo ich noch suche, hat mich Gott schon gefunden. Bei ihm wird auch mein halbes Herz ernst genommen und gehalten. Hier findet meine Seele Ruhe.

Wo kann ich Gott entdecken?

Martin Buber erzählt von der Zeit, in der Rabbi Jizchak Meir noch ein kleiner Junge war. Da brachte ihn seine Mutter einmal zum Maggid von Kosnitz. Dort fragte ihn jemand: *„Jizchak Meir, ich gebe dir einen Gulden, wenn du mir sagst, wo Gott wohnt."* Er antwortete: „Und ich gebe dir zwei Gulden, wenn du mir sagen kannst, wo er nicht wohnt."*

Wo wohnt Gott? Im Himmel? Vielleicht sogar auf Wolke sieben? An welchen Orten kann man Gott finden?

Eines ist sicher: Gott ist größer als unsere Vorstellungskraft. In der Bibel findet sich in einem Brief von Paulus an die Gemeinde in Korinth dafür ein wunderbares Sprachbild (1. Korinther, 13,12): *„Wir sehen jetzt durch einen Spiegel ein dunkles Bild; dann aber von Angesicht zu Angesicht. Jetzt erkenne ich stückweise, dann aber werde ich erkennen, wie ich erkannt bin."*

In meinem Mosaikbild suche ich in den Details nach dem Geheimnis des Lebens und erkenne oft erst aus der Distanz die großen Zusammenhänge und die Schönheit des Bildes.

Ich bin mir sicher, Gott ist überall zu finden, wenn wir ihn nur leidenschaftlich genug suchen.

* Martin Buber, Die Erzählungen der Chassidim

Ich liebe es, in der Natur zu wandern und einsame Waldspaziergänge zu unternehmen. In der Natur bin ich nie allein, sondern entdecke ihren Schöpfer mitten in all den kleinen und großen Dingen, die mir unterwegs begegnen. Mit Gott kann ich mich unterhalten wie mit einem guten Freund. Dabei spreche ich nicht in langen Floskeln. Ich muss nicht um Aufmerksamkeit kämpfen oder besonders gut formulieren. Nein, ich bin mit meinem Freund auf „Du und Du".

An besonderen Orten, in Kirchen, Klöstern und Kapellen, finde ich immer wieder Raum um zur Ruhe zu kommen. Es braucht die Einsamkeit, es braucht die Stille, um im Lärm des Alltags Gott wirklich hören zu können. Es braucht die ungeteilte Aufmerksamkeit für ein gutes Gespräch. So geht es mir im Dialog mit meiner Frau oder mit Freunden – und so geht es mir auch im Gebet. Das ist keine neue Erkenntnis. Schon die Mönche der frühen Christenheit haben sich in die Wüste oder an andere einsame Orte zurückgezogen, um mit Gott ins Gespräch zu kommen, um zu hören, was er zu sagen hat.

Sicherlich ist es schwer, an etwas zu glauben, was man nicht sieht. Und es fällt mir schwer, mitten im Alltagstrubel einmal anzuhalten.

Deshalb hilft es mir, meinen Glauben nicht alleine glauben zu müssen. Gemeinsam glaubt es sich leichter, gemeinsam stärkt man sich im Zweifeln. In der Auseinandersetzung mit anderen, im Fragen, im Ringen nach richtigen Worten, komme ich zum Wesentlichen. Wenn ich mit anderen, ganz unterschiedlichen Menschen unterwegs bin, entdecke ich die Vielfalt und Schönheit des Daseins in all ihren Facetten. Das Bild des Glaubens vervollständigt sich, wenn wir gemeinsam heilige Orte in und um uns entdecken. Glaube braucht Geschichten, Erlebtes. Und das

Bild des Glaubens braucht das Teilen der Fragen und der Erkenntnisse. Stein um Stein fügt sich das Bild. Das Heilsame und Glaubwürdige der Bibel, an diesem Tausende von Jahren alten Buch, ist der gelebte, erzählte, im wahrsten Sinne des Wortes erfahrene Glaube. Die Bibel ist nicht als heißer Backstein vom Himmel gefallen, sondern ihre Geschichten sind durch jahrtausendelanges Sieben weitererzählt und geschliffen worden. Sie erzählen von einem ehrfurchtswürdigen und ernstzunehmenden „Du". Sie erzählen vom Weg des Menschen zu Gott – und vom Weg Gottes zu den Menschen. Immer wieder sind es große Bilder. Bilder von der Entstehung der Welt, von Auseinandersetzungen und Kriegen, Bilder der Arche, die inmitten der großen Flut Menschen und Tiere rettet. Bilder eines zornigen Gottes. Und Bilder eines Gottes, der seinem Volk einen Weg durch die Wüste zeigt. Eines Gottes, der die Schwachen verteidigt und die Zukunft der Seinen zur Chefsache macht. Bilder von Gott, die sich mit der Geschichte der Menschheit weiterentwickelt haben.

Manchmal ist es nicht einfach, den roten Faden zu entdecken. Doch es gibt ihn. Wenn ich zurücktrete und das Ganze betrachte, entdecke ich in allen Facetten dieses Bildes eine Spur der Liebe. Gott, der sich auf den Weg zu den Menschen macht, zu jedem Einzelnen, zu den Ausgestoßenen, zu den Randgruppen. Großes wird klein, Starkes wird schwach, Gott wird Mensch. Nicht um die Menschen zu richten, sondern um sie aufzurichten. Ich lese so gerne die Geschichten von Jesus, in denen ganz unterschiedliche Menschen Entdeckungen mit Gott machten. Ich liebe diese Geschichten, die mir schon als Kind erzählt wurden.

Eine dieser Geschichten erzählt von einem jungen Mann, der sich von seinem Vater das Erbe auszahlen lässt, um in einem anderen Land sein Glück zu suchen. Mit großen Wünschen und Plänen bricht er auf. Das viele Geld in seiner Tasche macht ihn sicher. Doch es geht schief. Er verliert alles! Der Lebenstraum zerplatzt und völlig gescheitert landet er auf der Straße. Am Ende teilt er mit den Schweinen am Trog das Essen. Tiefer kann er nicht fallen. Schweren Herzens macht er sich auf den Weg nach Hause. Und sein Vater kommt ihm mit offenen Armen entgegen.

Es wird nicht über Schuld und Versagen diskutiert, es wird nichts aufgerechnet. Nein, der Vater feiert ein Fest mit seinem Sohn, den er verloren hatte und der nun wieder zu ihm gefunden hat. Über allem könnte die Überschrift „Willkommen daheim" stehen. Es ist die Geschichte Gottes und der Menschen. Gott, der uns mit offenen Armen entgegenkommt und sich freut, wenn wir bei ihm ein Zuhause finden.

In diesem Bild wohnt Gott. Jeder Einzelne ist ihm wichtig. So wie das verlorene Schaf, dessen Bild über meinem Kinderbett hing.

Fragen gehören dazu

Ich betrachte noch einmal mein Mosaik. Ich sitze vor ihm mit einer Hand voller kleiner Steinchen und manches will einfach nicht passen. Ich lege das eine oder andere zur Seite, probiere dieses und jenes und muss feststellen, dass am Ende Fragen offen bleiben.

Zur Entwicklung eines Menschen gehört das Fragen und das Hinterfragen. Es wäre schlimm, wenn ich alles sofort so nehmen würde, wie es im ersten Augenblick aussieht. Manches braucht einfach Zeit. Ich werde älter und (hoffentlich) reifer.

Neue Fragen tauchen auf, die Antworten verlangen mir einiges ab. Ich möchte mich an diesem Buch der Bücher reiben, weil ich weiß, dass ich die Wärme, die dabei entsteht, zum Überleben brauche. Es sind keine einfachen Weisheiten. Viele Menschen haben sich ihr ganzes Leben darum gemüht, diese alten Worte zu verstehen und dabei immer wieder Überraschendes entdeckt. Die Bibel enthält eine Fülle von Schätzen, tiefe Weisheiten. Manches bleibt natürlich auch unverständlich. Ich muss es stehen lassen, wie es ist. Vielleicht komme ich irgendwann einmal hinter das Geheimnis und ein neues Steinchen fügt sich in mein Bild. Die biblischen Texte zeigen mir, wie ich mein Leben gestalten kann, wie ich mit Einsamkeit, Schuld, Angst, Krankheit – mit all dem, was mich Tag für Tag beschäftigt – umgehen lernen kann. Und vor allem machen sie mir mehr und mehr klar, dass ich niemals alleine unterwegs bin.

Heimat finde ich nur dann, wenn ich mich ganz hineingebe. Es ist manchmal harte Arbeit, mich mit dem auseinanderzusetzen, was für mich unbegreifbar ist. Es ist eine harte Übung, an den Orten zu bleiben, die zunächst verstaubt und unattraktiv scheinen – die aber meine Heimat sind.

Manche Tradition erscheint mir auf den ersten Blick nicht mehr gegenwartstauglich. Mancher Kinderglaube gibt meinem erwachsenen Leben keinen wirklichen Halt mehr. Und doch führen mich meine Zweifel und meine Fragen nicht weg von all dem, was mir wichtig war und ist. Das Mosaikbild, an dem ich arbeite, ist nicht weit weg oben in der Kuppel meines Lebenshauses. Es ist der Grund, auf dem ich stehe. Manche früheren „Glaubensweisheiten" sind mir im Laufe der Zeit zu einfach geworden, manche Traditionen wurden hohl und leer, manche Glaubenssätze, die ich einfach nachgeplappert habe, wetzten sich im Alltag ab. Ich habe sie durch neue, beweglichere, lebensnahere, ehrlichere Formen ersetzt. Aber der Grund bleibt der gleiche. Und wenn ich einen Schritt zurücktrete, um das Gesamtkunstwerk anzusehen, beginnt dieser Grund für mich zu leuchten.

Offene Türen

Gottes Haus hat nicht nur viele Räume, sondern auch viele offene Türen. Es gibt so unterschiedliche Möglichkeiten, ihm zu begegnen. Eine davon ist der regelmäßige Gottesdienst. Ich liebe es, Gottesdienst zu feiern – mit allem was dazugehört. Es ist für mich ein heilsamer Raum, der mir abseits des Alltags alles schenkt, was ich zum Leben brauche. In ihm funkeln für mich in Form der Liturgie, der Lieder und der zum Teil viele Jahrhunderte alten Texte wahre Schätze, die dadurch, dass sie immer wieder neu buchstabiert, wiederholt und gelebt werden, ihren Glanz entfalten. Der Glaube braucht Regelmäßigkeit, Rituale, feste Zeiten, um Heimat und Halt zu sein. Da findet der Schöpfer Raum im Geschöpf, da findet das Geschöpf Raum in seinem Schöpfer.

Das Erlebnis eines besonderen Ortes, eines schön gestalteten Kirchenraumes gehört natürlich dazu. Ein solcher Ort kann außergewöhnliche, übernatürliche Erfahrungen ermöglichen. Doch erzwingen kann man sie nicht.

Wenn ich sonntags in die Kirche gehe, bringe ich alles, was ich in der vergangenen Woche erlebt habe, mit. Gutes und Schlechtes, Erfolg und Niederlagen, Stolz und Scham. Gott nimmt mich ernst, wenn ich zu ihm rufe: „*Herr, erbarme dich über mein Leben!*" Denn ich weiß, er selbst ist Mensch geworden, um mir nah zu sein. Er ist nicht hoch über mir. Er schaut nicht überheblich herab. Er wird schwach. Für mich und um meines Lebens willen. Wenn wir miteinander reden, ist es kein kurzer oberflächlicher Gruß, kein schnell dahingesagtes „*Und wie geht's?*", das die ehrliche Antwort überhaupt nicht abwarten will. Ganz im Gegenteil. Da ist aufrichtiges, ganzheitliches Interesse, das mein Herz liebevoll erkunden will. Und viel mehr noch, da ist einer, der bereit ist, Schuld und Schmerzen mitzutragen.

Wenn mir in der Liturgie zugesprochen wird: „*Gott hat sich unser erbarmt!*", dann bin ich ganz persönlich gemeint. Ich bleibe nicht in einem dunklen Tal meines begrenzten Gefühlsalltags hängen. Ich werde wieder und wieder daran erinnert, dass mein Leben sich nicht an meinen Defiziten festmachen und aufreiben muss. Ich darf mir sicher sein, dass ich geliebt und angenommen bin, mit all meinen Schwächen. Gottes Wort will mich zum Leben ermutigen. Ich höre sein Wort. Ich spreche mit ihm im Gebet. Und ich bin nicht alleine. Viele andere um mich herum sind in diesem Moment dabei.

Wie schön, dass wir nicht alleine glauben und nicht alleine zweifeln müssen. Im Abendmahl feiern wir unsere Gemeinschaft mit Gott. Der zärtlichste Moment ist dabei für mich, wenn wir das „*Geheimnis des Glaubens*" bekennen. So lasse ich mich gerne einladen: „*Kommt, schmeckt, seht!*". In diesem Geheimnis ist für mich Heimat. Ich bin eingeladen, daran teilzuhaben. Ich darf Teil des Ganzen sein. Ich muss nicht alles verstehen, um mich von dieser Zuwendung Gottes beschenken zu lassen. Paulus schreibt im Kolosserbrief: „*In Christus liegen verborgen alle Schätze der Weisheit und der Erkenntnis.*" (nach Kolosser 2,3) Nicht mein Wissen, auch nicht mein Unwissen, sondern die zärtliche Treue Gottes lassen mich glauben. Und wieder klingt in meinem Herzen ein altes Kirchenlied, das ich seit Kindertagen kenne, in alle Zweifel hinein: *„Weiss ich den Weg auch nicht, du weißt ihn wohl, das macht die Seele still und friedevoll."* * Ein kleines, goldenes Steinchen in einem großen Bild. Etwas, das strahlt, auch wenn ich manchmal nicht so recht weiß, wie der Weg weitergeht, den ich in diesem Moment nur stückweise erkenne.

Christus begegnet mir in meinem Leben. Nicht immer ist alles offensichtlich. Er kommt unscheinbar, sensibel und seelsorgerlich. So werfe ich mich unwissend und ahnend, zweifelnd und glaubend, suchend und findend, beschämt und doch selbstbewusst in Gottes Arme. Und es öffnet sich für mich Tür um Tür. Lebensweisheit und Gotteserkenntnis entfalten sich nach und nach.

Viele Geschichten bleiben zunächst unbeachtet, still in einer Herzensecke versteckt. Sie schlummern leise vor sich hin, bis sie eines Tages entdeckt werden. Sicherlich verkümmert manches „Glaubenspflänzchen" schon im Keim – ungegossen und unbeachtet im großen Nutzbeet der Lebensplantage. Aber anderes, dem ich lange keine Beachtung geschenkt habe, wird irgendwann zu einem großen Baum, in dessen Schatten ich verweilen kann. Die mittelalterliche Mystikerin Teresa von Avila blickt am Ende ihres Lebens zurück: *„Hätte ich damals erkannt, was ich heute weiß, dass in meiner Seele ein so großer König wohnt, ich glaube, ich hätte ihn nicht so oft allein gelassen. Ich hätte mich häufiger bei ihm aufgehalten."*

* Text: Hedwig von Redern (1866–1935); Musik: John B. Dykes (1823–1876)

Von denen lernen, die vor mir auf der Suche waren

Jeder Mensch hat seine Geschichte. Gelebte, manchmal einzigartige Erfahrungen. Aber vieles verbindet uns auch. Manches kehrt im Lauf der Geschichte wieder. Kaum ein Gedanke, der noch nie gedacht, kaum eine Erfahrung, die noch keiner vor mir machen musste. Schönes und Trauriges, beides macht das Leben aus.

Mir tut es gut zu wissen, dass auch andere Menschen meine Fragen, meine Sorgen, meine Ängste haben. Und das über Generationen hinweg. Wenn ich mein Leben mit dem anderer vergleiche, wird mir klar: Hoch-Zeiten und Krisen gab es schon immer. Seit „Kain und Abel" nagt der Neid an der menschlichen Seele.

Weil ich meine Fragen und Sehnsüchte in denen anderer wiederentdecke, merke ich, dass ich diese Themen nicht für mich alleine klären muss. Die existenziellen Grundfragen der Menschheit bleiben die gleichen. Über Tausende von Jahren plagen sich Menschen. Sie fragen, antworten, streiten und ringen um die Wahrheit und sie weinen und lachen über ihre Lebensumstände. Ich möchte ahnend auf eine Zeitreise gehen, um von ihnen zu lernen und mehr von dem zu entdecken, was für mich Heimat sein kann.

Wir können auf den Lebenserfahrungen vieler Generationen vor uns aufbauen.

Die Bibel berichtet von Aufbrüchen und Euphorie, von Ostern und Pfingsten, von Umkehr und Nachfolge, von Schuld und Niederlagen, von Irrwegen, unehrlichem Reden und gefährlichem Schweigen.

Wir brauchen die Geschichten unserer Glaubensväter und Glaubensmütter. Wir brauchen Antworten, die über Generationen hinweg beständig getragen haben.

Sie können uns auch heute Mut machen. Unser Leben ist zu kurz, um sich nur auf die eigene Erfahrung zu stützen. Wir brauchen Beständiges, etwas das bleibt. Ein Wissen, das über Jahrtausende gewachsene Lebensweisheit in sich birgt. Heilsames und Geerdetes. Etwas, was uns vielleicht auf den ersten Blick einengt – aber langfristig eine Geborgenheit in den Stürmen des Lebens schenkt.

Glaube braucht einen Ort, eine Heimat, ein Zuhause. Räume, die Gott Raum geben, werden auch mir zu heiligen Orten. Dort darf ich Teil eines Ganzen werden.

Überlieferte Formen schenken mir Worte, die Bestand haben. Wenn ich selbst nichts mehr zu sagen weiß, gibt mir das „Vater Unser" die richtigen Worte. Auch die Psalmen sind für mich in solchen Momenten ein wundersames Geschenk. Fast jeder Psalm beginnt zuerst mit der Aufzählung der Missstände. Kein Schönreden, keine rosarote Brille – hier werden Schwierigkeiten in all ihrer Härte beim Namen genannt. Da wird von Schuld und von Bedrängnis gesprochen, von Angst und von Gefahr. So fühle ich mich ernst genommen. Für den Psalmschreiber gibt es trotzdem eine Gewissheit: *„Ich bin in meinem dunklen Tal nicht alleine."* Er blickt in seinem Leben zurück und weiß aus der Rückschau, dass Gott ihn auch in Zukunft nicht alleine lassen wird. Glaube braucht Formen. In einer Zeit, in der alles möglich ist, erleben wir voller Freude, dass in der Selbstbeschränkung und der Wahl altvertrauter Formulierungen auch eine erfüllende Sicherheit liegt. Die liebevolle Begrenzung, die Wertschätzung der Tradition gibt mir Halt. Auch die Klarheit der „Zehn Gebote“ ist für mich kein moralischer Zeigefinger, sondern ein Geschenk. Sie nehmen mich in meiner Begrenzung und Verletzlichkeit ernst und verleihen dem Schutzlosen Würde.

Leere Stellen

Am Ende meiner Konzerte überlege ich mit den Konzertbesuchern, was ich ihnen Gutes für ihren weiteren Lebensweg wünschen könnte.

Wie gerne würde ich auch Ihnen, wie Nina Ruge es bei „Leute heute“ im ZDF über viele Jahre hinweg getan hat, „Alles wird gut!“ wünschen. Unsere Erfahrungen zeigen aber eher, dass im Leben eben nicht alles gut wird. Meistens wird sogar sehr wenig gut.

Warum geht es eigentlich dem einen gut und dem anderen schlecht? Warum darf die eine Mutter ein gesundes Baby in den Armen halten und eine andere bekommt ein krankes Kind? Warum lässt Gott das Leid in dieser Welt zu? Viele Menschen haben versucht, eine Antwort auf diese Frage zu geben. Mich selbst hat, bei all diesen Fragen, kaum eine Antwort wirklich zufriedengestellt.

Ich kann sie verstehen, die Menschen, die den Glauben an den Nagel hängen und sich enttäuscht von der Kirche abwenden. Menschen, die so sehr gehofft hatten, dass Gott sie wieder gesund macht, ihnen wieder Arbeit schenkt, ihre flehenden Gebete erhört. Menschen, deren Kinder bei einem Autounfall ums Leben kamen. Menschen, die von ihren Partnern verlassen wurden. Menschen, die sich unschuldig verschuldet haben.

Wie schmerzhaft müssen die Momente sein, in denen hilfsbedürftige, verängstigte Menschen erleben müssen, dass Gott scheinbar nicht da ist und ihre Gebete nicht erhört werden? Ich leide und trauere mit ihnen.

Cornelia Beck erzählt: „*Meine Tochter Friederike kam 1991 unter dramatischen Umständen zur Welt. Ihr Weg ins Leben war steinig und bald nach der Geburt stellte sich heraus, dass sie aufgrund einer cerebralen Lähmung wahrscheinlich nie laufen können wird. Diese Diagnose stellte das Leben unserer Familie komplett auf den Kopf. Ich musste plötzlich Entscheidungen treffen, auf die ich nicht vorbereitet war: Wie soll das Kind gefördert werden? Welche Therapien sind notwendig? Welche Operationen sind wann und wo durchzuführen? Was wird mit meinem Beruf? Wo wird Friederike in den Kindergarten, in die Schule gehen? Verwandte, Freunde, Bekannte, Unbekannte, Ärzte, Betreuer, Eltern anderer Kinder, Fremde redeten auf uns ein: „Macht dieses, macht jenes, geht zu dem Arzt, fahrt zu der Therapie, probiert diese Medizin, ihr müsst doch …“*

Eines Tages fuhr mich eine Ärztin ziemlich barsch an und erklärte mir, dass Friederike für immer im Rollstuhl sitzen wird, wenn ich nicht regelmäßig eine bestimmte Therapie mit ihr mache. Falls meine Tochter nie laufen können wird, wäre das dann ganz allein meine Schuld. Da regte sich in mir Widerspruch. Ich blickte zurück auf mein bisheriges Leben und erkannte, welche Schwierigkeiten ich bereits erfolgreich gemeistert hatte. Wie durch ein Wunder hatte ich immer die richtigen Entscheidungen getroffen. Und mir wurde bewusst: Es war nicht etwa Zufall oder ein harter Schicksalsschlag, der mich mit der Geburt meiner Tochter getroffen hatte. Ich war auserwählt worden, dieses besondere Kind zu begleiten. Es wurde mir anvertraut, weil ich in der

Lage war, mit der Situation gut umzugehen und für meine Tochter auf die richtige Weise zu sorgen. Für mich war es kein Unglück, dass ich sie hatte, sondern ein großes Glück. Ich brauche weder Mitleid noch Anerkennung. Gott hat mir die Anerkennung bereits dadurch geschenkt, dass er mich für die richtige Person hielt, um für diesen besonderen Menschen zu sorgen. Und das Schönste ist: Friederike ist sich sehr wohl bewusst, dass sie es gut getroffen hat. Und dafür ist sie sehr dankbar.

Für mich ist der Glaube an Gott kein Versprechen, „*dass alles gut wird*" und mir im Leben nichts Schlechtes passiert. Aber der Glaube an Gott gibt mir die Gewissheit, dass ich im Leben nicht alleine bin. Mir ist mein Glaube zur Heimat geworden, denn hier erfahre ich übermenschliche Begleitung. Ich habe keine unbekannte Größe als Gegenüber, sondern eine Person. Ein „Du", das mich ernst nimmt, eine Macht die ich persönlich kennenlernen darf und doch nie ganz begreifen werde.

Der Name einer Person ist wichtig – existenziell. Die Bibel erzählt uns von Gott in Bildern. Vom guten Hirten ist da die Rede, vom liebenden Vater, von der „festen Burg", die mich schützt, und von der Sonne, die Wärme schenkt – viele bildhafte Vergleiche, die Gottes Handeln und Wesen beschreiben. Im Psalm 23 heißt es: „*… und ob ich schon wanderte im finstersten Tal, fürchte ich mich nicht, denn du bist bei mir!*" In einer anderen Bibelübersetzung heißt es: „Und ob ich schon wanderte im finsteren Tal, fürchte ich kein Unglück." Das ist gelebte Lebensweisheit. Das „dunkle Tal" muss für mich kein Unglück bedeuten. Das Glück ist auch, oder sogar, mitten in der Krise zu finden. Glück heißt nicht, vom Erfolg abhängig zu sein, sondern bedingungslos geliebt zu werden. Glück ist es, wenn man alte Schätze – früh geschenkt – Stück für Stück situationsabhängig aus seinem Lebensgepäck auspacken, entdecken und damit überleben kann. Glück ist es, mitten in den dunklen Tälern des Lebens nicht alleine zu sein. Diese Gewissheit gibt mir Lebensmut.

Zweifel und Anfragen gehören dazu. Nur Gleichgültigkeit bedeutet den Tod einer Beziehung. Wer zweifelt und mit Gott hadert, zeugt davon, dass die Glaubensflamme in seinem Herzen noch nicht ganz erloschen ist. Mag sie auch noch so klein sein, der Docht glimmt noch.

Gott bleibt unverfügbar und geheimnisvoll. In meinem Mosaikbild gibt es nach wie vor unvollendete Ecken, leere Stellen, Steine, die ich einfach nicht gelegt bekomme.

Obwohl ich mich viel mit dem christlichen Glauben auseinandersetze, auch wenn ich viel lese, höre und darüber rede, bleibt doch manches für mich ein Geheimnis. Wirkliches Wissen habe ich nicht – ich glaube, trotz vieler Zweifel und Fragen.

Gott erkenne ich nicht in den Momenten, in denen ich ihn zwanghaft suche, sondern an Orten und in Begegnungen, die mir unverhofft geschenkt werden.

Wie schenkt Gott mir ein Zuhause?

Eine alte Legende erzählt von zwei Mönchen, die sich auf den Weg machen, den Himmel zu finden. Sie haben gehört, dass sich am Ende der Welt eine Tür befindet, hinter der der Himmel beginnt. Sie sehnen sich nach einer Heimat, in der sie bleiben können, nach der Weite des Himmels. So brechen sie auf, verlassen das Kloster, ziehen durch die Welt und erleben zahlreiche Abenteuer. Am Ende der Reise entdecken sie mitten in der Wildnis eine Tür. Das muss der Weg zum Himmel sein! Gespannt öffnen sie die Tür und stehen plötzlich wieder in ihrer Klosterzelle.

Ich muss nicht irgendwo suchen. Ich darf ganz bei mir bleiben. Gott wartet schon lange auf mich.

Und ich gehe noch einen Schritt weiter: Stellen Sie sich vor, dass Gott bei Ihnen oder bei mir zu Hause vor der Tür steht, dass er anklopft und eingelassen werden will.

Was würde er vorfinden? Schauen Sie nicht auf den überquellenden Müll in der Küche, die vielen unsortierten Blätter und Rechnungen auf Ihrem Schreibtisch. Schauen Sie einmal in sich, in Ihr Lebenshaus hinein. Wie sieht es bei Ihnen aus? Welche unausgesprochenen Wünsche, welche nagenden Fragen, welche schmerzenden Sorgen, welche „*Leichen im Keller*“ würde er bei Ihnen finden?

Was würden Sie und ich noch schnell aufräumen wollen, was in Ordnung bringen, bevor er zu Tür hereinkommt? Oder würden wir lieber gar nicht erst die Tür öffnen?

Und was würde Gott dazu sagen?

Ich glaube, es wäre ihm egal, wie es bei mir aussieht, er würde sagen: „*Andi, heute möchte ich dich besuchen kommen! Egal, wie unaufgeräumt es in deiner Wohnung ist! Heute bin ich bei dir zu Hause!*“

Mich beschäftigt in diesem Zusammenhang die Geschichte von Zachäus, die in der Bibel erzählt wird. Dieser kleine, sehnsüchtige Kerl, der auf einen Maulbeerbaum steigt, um vielleicht endlich Antworten auf seine Fragen zu erhalten. Wir Menschen denken immer, wir müssten zu Gott kommen. Wir suchen uns deshalb die verrücktesten Wege, um ihn zu finden. Aber in dieser Geschichte ist es gerade umgekehrt: Gott kommt zu uns. Jesus sagt zu Zachäus: „*Bei dir möchte ich heute zu Gast sein!*“

Heut hängt der Himmel voller Geigen

Endlich hier – endlich bei mir
Endlich gefunden – ich steh vor meiner Tür
Klopfe an – macht jemand auf?
Ich komm heut zu Besuch zu mir und hoff ich bin zu Haus'.

Du kommst zu mir – Du siehst mich an
Bin ganz erstaunt – was Liebe ändern kann
Hab keine Angst – lass alles raus
Du kommst heut zu Besuch zu mir –
bei mir in meinem Haus.

Heut hängt der Himmel voller Geigen
spielt Melodien für meine Welt
und ich will es nicht verschweigen
wie sehr mir dieses Spiel'n gefällt.

Und der Moment – kaum zu beschreiben –
kaum festzuhalten – bricht herein
hier halt ich an – um zu verweilen
hier bin ich Mensch, hier darf ich's sein.

Ich bin ein human, ein Mensch, ein Mann
Kenn dieses Sehnen, wenn man sucht.
Hab mich entdeckt – mich viel zu lang versteckt.
War viel zu lange – nur Gast in meinem Haus.

Endlich echt – ist mir ganz recht
Endlich ich selbst – find ich gar nicht schlecht
Trete ein – in meine Welt
Bin nicht mehr zu Besuch bei mir – denn hier bin ich zu Haus.

Text und Melodie: Andi Weiss

Sich sehnen

Glaube ist nicht stimmungsabhängig, keine billige Gefühlsduselei. Manche warten jahrelang, vielleicht bis zu ihrem Lebensende, dass sich ein religiöses Gefühl wieder neu einstellt. Es gibt auch bei mir Zeiten, in denen ich müde und träge bin. Dann tut es mir gut, wenn mich andere Menschen sanft bei der Hand nehmen und mir Lust machen, neu aufzubrechen. Es ist wichtig, dass ich mir immer wieder bewusst werde, dass es unabhängig von meinem Maß an Gottesinteresse und auch weitab von der Art und Weise, wie ich meinen Glauben leben will (oder eben nicht), einen Gott gibt, der mich liebt. Das setzt eine ungeheure Kraft in mir frei und ist zugleich die Erfüllung einer uralten Sehnsucht, die mich seit Kindheitstagen antreibt. Es ist der Wunsch, gewollt, geliebt und angenommen zu sein. Der Wunsch nach einem wirklichen Zuhause, nach einem Gott, *„der mich haben will"*, unabhängig von meinen momentanen Gefühlszuständen, von Sinnkrisen oder eingeschlafener Glaubenslust.

In den letzten Jahren haben Pilgerreisen ein unglaubliches Interesse gefunden. Tausende pilgern nach Santiago de Compostela, um zu sich selbst und zu Gott zu finden. Eine große Sehnsucht treibt die Pilger, viele hundert Kilometer durch die einsamsten Landschaften zu wandern und zahlreiche Entbehrungen auf sich zu nehmen.

Viele große Entdeckungen und Entwicklungen in der Menschheitsgeschichte begannen mit einer solchen Sehnsucht. Antoine de Saint-Exupéry hat die Voraussetzungen dafür erkannt, wenn er schreibt: „*Wenn du ein Schiff bauen willst, so trommle nicht Männer zusammen, um Holz zu beschaffen, Werkzeuge vorzubereiten, Aufgaben zu vergeben und die Arbeit einzuteilen, sondern lehre die Männer die Sehnsucht nach dem weiten endlosen Meer.*“

Ich träume davon, Menschen mit meinen Geschichten und Liedern zu berühren, ihnen Türen zu öffnen, die sie zu einem neuen Verständnis führen.

Mich treibt die Sehnsucht, das große Mosaikbild, an dem ich seit Jahren arbeite, und ein anderer für mich mit, Stein für Stein weiter zu vervollkommnen.

Ich sehne mich nach intensiven Gottesbegegnungen und nach Orten, an denen ich bleiben kann. Orte der Ruhe und der Geborgenheit. Nach Heimat.

Es ist gut, der eigenen Sehnsucht Namen zu geben.

Wonach sehnen Sie sich?

Eine Bleibe finden

Ein letztes Steinchen in meinem großen Bild: Da sind zwei zusammen unterwegs. Sie waren Teil einer neuen Aufbruchsbewegung, sie sind gemeinsam durchs ganze Land gezogen und haben die Massen begeistert. Doch jetzt ist das alles vorbei. Man hat ihren Anführer umgebracht, mit ihm ist alle ihre Hoffnung begraben worden. Nun sind sie alleine auf weiter Flur und ziehen mehr oder weniger planlos durch die Gegend.

Dann treffen sie auf einen Fremden, der ein Stück des Weges mit ihnen geht. Beim Abendessen in der Pension entdecken sie plötzlich, dass der Unbekannte doch kein Fremder ist. Warum war ihnen das nicht gleich aufgefallen? Es ist ihr früherer Anführer, Jesus selbst, ihr religiöser Meister, den sie für tot gehalten haben. Aber er lebt, sitzt mit ihnen bei Tisch und teilt gerade das Brot. Daran haben sie ihn erkannt. Sie wollen, dass er bei ihnen bleibt, wenn die Dunkelheit hereinbricht, er aber verschwindet so schnell, wie er gekommen ist.

Doch die beiden wissen nun wieder, wo sie hingehören. Sie wissen, dass sie nicht allein sind. Die Bibel erzählt diese Geschichte der sogannten Emmausjünger im 24. Kapitel des Lukasevangeliums. Eine wunderbare Trostgeschichte.

Nie allein

Der Wind weht durch die Welt
und übers weite Feld
steigt Nebel traurig auf

Kein Sinn der dich hier hält,
sich Dir entgegenstellt
hemmt Deiner Sinne Lauf

Und Deiner Seele graut – Nichts scheint Dir himmelblau
Kein Sonnenstrahl belebt – Und niemand fragt: „Wie geht's?"

Nie allein – nie allein
Mag Deine Welt auch untergeh'n –
Dein Tal noch so finster sein. Du bist nie allein.

Ich bleib dicht an Dir dran,
was man nicht ändern kann
durchlebe ich mit Dir.

In Deinem Jammertal,
bleibt mir keine Wahl
Du weißt, dass ich Dich führ'.

Ich halte Dein Herz frisch – und teil mit Dir den Tisch
Ich schenke Dir voll ein – werd immer bei Dir sein

Text und Melodie: Andi Weiss

5

Mich selbst immer mehr entdecken

Der Maler Leonardo da Vinci hatte den Auftrag bekommen, das letzte Abendmahl Jesu mit seinen Jüngern darzustellen. Es sollte ein großes Wandbild im Speisesaal eines Klosters werden. Einige Jahre hatte er schon daran gearbeitet. Die Mönche des Klosters stellten sich bereitwillig zur Verfügung und Leonardo gab den Jüngern auf seinem Bild ihre Gesichter. Nur für zwei Köpfe hatte der Meister keine Vorbilder unter den Klosterbrüdern gefunden: Jesus und Judas. So gab es auf dem sonst fertigen Gemälde an zwei Stellen weiße Flecke! Für Jesus Modell zu sitzen, verbot den Mönchen die Bescheidenheit und der geistliche Anstand. Und für Judas gab sich keiner her! So machte sich der Maler außerhalb des Klosters auf die Suche. Ohne ein Modell konnte er nicht weitermalen. Wochenlang streifte er durch die Straßen und Parks der Stadt. Hunderte von Gesichtern prüfte er mit dem Blick des Künstlers. Wo waren die feinen Züge des Jesus? Wer strahlte die Liebe und Wärme aus, die der Meister „seinem" Christus verleihen wollte?

Eines Tages wollte sich Leonardo auf die andere Seite des Flusses übersetzen lassen, der die Stadt durchschnitt. Er dachte, dass er vielleicht dort drüben ein Modell finden würde. Als er auf der Fähre saß, die ihn hinüberbringen sollte, fiel sein Auge auf den Fährmann. Ein wunderschöner Jüngling mit ebenmäßigem Gesicht. Mit ruhigen, gleichmäßigen Bewegungen trieb er das Boot an. Er schien ganz erfüllt vom Frieden einer in sich gefestigten Persönlichkeit. Es war etwas um ihn her, das sprach von Tiefe des Charakters und der Zuneigung zu allen

Menschen. Der Künstler hatte seinen Jesus gefunden. Und der junge Mann willigte auch ein, dem Meister Modell zu sitzen.

Als das Bild des Christus vollendet war, waren Maler und Auftraggeber höchst zufrieden mit der Wahl. Der Jüngling erhielt seinen Lohn und zog seiner Wege.

Jetzt fehlte nur noch ein Vorbild für den Kopf des Judas. Er sollte die Bosheit des Verrats in seinem Gesicht spiegeln, die Verschlagenheit eines Mannes, der seinen Freund ausliefert, die Verruchtheit eines Menschen, der einen Unschuldigen in den Tod bringt. Aber so sehr Leonardo auch suchte, er fand keinen, der dem entsprochen hätte. Es vergingen zehn Jahre, in denen er immer weiter auf der Suche war. Bestimmt hatte er inzwischen einige tausend Männer angesehen, ob sie nicht „sein" Judas werden könnten. Alles ohne Erfolg. Eines Abends, der Künstler war wieder auf einem seiner Streifzüge, flog in unmittelbarer Nähe eine Tür auf und ein Betrunkener wurde von harten Händen hinausgestoßen. Es war eine finstere Spelunke, in der man diesem Trunkenbold offenbar kein weiteres Glas mehr geben wollte. Leonardo sprang auf ihn zu, half dem Gestrauchelten auf. Dieser wandte ihm sein Gesicht zu – und der Meister erkannte sofort: Das war Judas! Dieser Mensch war gezeichnet vom Wein, hatte verquollene Züge und einen boshafter Blick. Ein elendes Schicksal stand in seinen Augen geschrieben! Ihm hätte man alles zugetraut, was der Jünger Judas vollbracht hatte. Er wäre fähig gewesen zum Mord, zum Verrat, zur Auslieferung – selbst eines Freundes.

In den nächsten Tagen malte der Meister sein Modell. Er bezahlte ihn in flüssiger Währung, immer wenn der trunksüchtige Mensch nach einem weiteren Glas verlangte. Dabei lallte er stets nur Unverständliches, war auch nicht fähig, seine Umgebung, oder was mit ihm geschah, wahrzunehmen. Am achten Tag, der Meister war gerade dabei, die letzten Pinselstriche des Porträts zu vollenden, fiel der trübe Blick des unglücklichen Mannes zufällig auf das Gesicht des Jesus auf dem Wandbild. In seinen Augen blitzte es auf. Er sprang auf. Der ganze Mensch schien bis ins Innerste getroffen. Etwas ging in ihm vor. Das hatte ihm keiner zugetraut. Er schrie, raufte sich die Haare und rannte aus dem Kloster. Leonardo dachte zuerst, sein „Modell" wäre von der Anmut und Ausstrahlung des Christusbildes derartig angerührt worden, dass er einfach die Fassung verlor. Aber als man nachforschte, fand man heraus, dass der heruntergekommene Mann einen ganz anderen Grund hatte, zu verzweifeln und derart außer sich zu sein. Durch verschiedene Schicksalsschläge war er immer tiefer gesunken. Ursprünglich hatte er einen Beruf ausgeübt und ein ganz normales Leben geführt. Schlimme Umstände, der Tod der Frau, der Verlust der Arbeit und der damit verbundene gesellschaftliche Abstieg hatten ihn zum Alkohol und schließlich in die Gosse gebracht. Ein Wirt wusste sogar zu berichten, dass er früher einmal Fährmann gewesen sei.

Im Christus des Wandbildes hatte Judas sein eigenes früheres Gesicht gesehen. In einem Jahrzehnt war aus „Jesus" „Judas" geworden.

Auch wir spielen im Laufe unseres Lebens immer wieder verschiedene „Rollen". Bewusst oder unbewusst verhalten wir uns anders, je nachdem, wo und mit wem wir zusammen sind. Nicht jedem wollen wir alles offenbaren, was uns beschäftigt. In der Arbeit sind wir vielleicht nach außen hin gelassen und ruhig, geraten jedoch abends ob der täglichen Querelen immer wieder in Verzweiflung. Vor unseren Eltern geben wir uns selbstbewusst, erzählen, dass wir alles im Griff haben. Und bei den Konflikten in unserer Partnerschaft machen wir gute Miene zum bösen Spiel, obwohl wir es uns schon lange anders vorgenommen haben. Sicherlich ist es klug, nicht immer sein Herz auf der Zunge zu tragen. Aber auf Dauer ist es anstrengend, so viele Rollen authentisch durchzuhalten. Wer bestimmt, welche Rolle wir spielen? Wer legt fest, ob wir zu den Guten oder zu den Bösen gehören?

Ich bin fest davon überzeugt, dass in jedem von uns großes Potential steckt. Wir können gut – und wir können böse sein. Wir haben Fähigkeiten, die anderen helfen. Aber mit den gleichen Veranlagungen können wir andere verletzen.

Manchmal erschrecken wir, wie der Gestrandete in unserer Geschichte, wenn wir unser früheres Gesicht entdecken und erkennen, wie es heute um uns steht. Eines ist klar: Weglaufen hilft nicht. Es gilt, sich dem eigenen Leben zu stellen.

Manchmal brauche ich Menschen, die mich erinnern. An meine Sehsucht, an meine Wünsche, an meine Vergangenheit, an meine Zukunft, an meinen Weg. Menschen, die mich ermutigen und hinterfragen. Die Frage nach dem Sinn, nach dem Ziel im Leben verliere ich im Alltagstrubel schnell aus den Augen. Wo wollte ich eigentlich hin, als ich vor einigen Jahren „zu neuen Ufern“ aufgebrochen bin? Und wo stehe ich heute?

Berufung

Von Zeit zu Zeit erlebe ich, dass „Erfolgsmenschen“ Mütter oder Väter werden. Etwas Neues tritt in ihr Leben. In ihren Augen kann man ein Funkeln, ein Leuchten erkennen, das man zuvor so noch nicht entdeckt hat.

Es gibt im Leben weit mehr als den Erfolg oder einen schönen Beruf. Wirkliche Sternstunden spielen sich oft abseits des geschäftigen Treibens ab.

Einen Beruf zu haben, ist nichts Ungewöhnliches. Von „Berufung“ sprechen wenige. Viele können es sich leider nicht aussuchen, was sie einmal werden wollen. Nicht alle können studieren oder ihr Hobby zum Beruf machen. Einige werden von ihren Eltern nicht genügend gefördert, bei anderen fehlt es an Unterstützung für eine gute Schulbildung, ohne die es dann auch keinen vernünftigen Ausbildungsplatz gibt. Manche scheitern an ihren Begabungen oder an unzureichenden körperlichen Fähigkeiten. Wer schlecht sieht, taugt nicht zum Piloten. Wer mit Fremdsprachen auf dem Kriegsfuß steht, wird kein geisteswissenschaftliches Studium abschließen können.

Berufungsgeschichten faszinieren mich. Wenn von denen die Rede ist, die schon früh erkannten, was sie einmal werden möchten. Oder von denen, die irgendwann, an einem Wendepunkt ihres Lebens, erkannt haben: Das muss ich machen. Ich muss alles stehen und liegen lassen und meinem „Ruf“ folgen. Nicht immer hängt dies mit religiösen Erfahrungen zusammen. Manche haben einfach eine große Not erkannt. Eine Krise hat sie auf eine neue Spur geführt. Eine Entdeckung hat ihnen klargemacht, dass es sich lohnt, genau hier weiterzumachen und alles andere aufzugeben. Nicht immer sind solche Berufungen angenehme Erfolgsgeschichten. Ich denke an Dietrich Bonhoeffer, Martin Luther King und Mutter Theresa. Ihr Lebenswege waren voller Leiden.

Für mich kann ich sagen, dass ich Beruf und Berufung im Einklang sehe. Ich wüsste weniges, was ich lieber machen würde, als mit Menschen unterwegs zu sein, ihre Sorgen und Nöte zu teilen, Geschichten zu erzählen, Lieder zu schreiben, Konzerte zu spielen. Das alles ist ganz meins. Es gehört zu mir – es macht mich aus.

Im Wort Berufung steckt das Wort „rufen". Der „Ruf" geht voraus. Wenn Gott mich ruft, spricht er meinen Namen aus. Es ist etwas Besonderes, wenn uns jemand bei unserem Namen kennt und nennt. Persönlich beim Namen gerufen, persönlich berufen zu sein, das gibt meinem Leben Würde.

Eines Tages kam ein Streichholz zu einer schönen neuen Kerze und sagte: *„Ich habe den Auftrag, dich anzuzünden." „Oh nein, nur das nicht!"*, erschrak die schöne Kerze. *„Wenn ich brenne, dann sind meine Tage doch gezählt, und niemand wird mehr meine Schönheit bewundern können."* Das Zündholz aber fragte: *„Willst du denn ein Leben lang nur kalt und hart bleiben, ohne vorher jemals gelebt zu haben?" „Doch, aber brennen tut weh und zehrt an meinen Kräften"*, flüsterte die Kerze unsicher und voller Angst. *„Es ist wahr"*, entgegnete das Zündholz", *„aber das ist doch das Geheimnis der Berufung. Du und ich – wir sind berufen, Licht zu sein. Was ich als Zündholz tun kann, ist wenig. Zünde ich dich aber nicht an, so verpasse ich den Sinn meines Lebens. Ich bin dafür da, Feuer zu entfachen. Du bist eine Kerze. Du bist da, um zu leuchten und Wärme zu schenken. Alles, was du an Schmerz, Leid und Kraft hingibst, wird verwandelt in Licht. Du* *gehst nicht verloren, wenn du dich hingibst, dich verzehrst. Andere werden dein Feuer, dein Licht weitertragen. Nur wenn du dich versagst, wirst du sterben …"* Da senkte die Kerze ihren Docht und sprach: „*Ich bitte dich, zünde mich an …*"

Was hindert Sie daran, ein Licht für diese Welt zu sein? Was hindert Sie daran, Spuren in dieser Welt zu hinterlassen? Sie haben etwas zu geben. Und ohne Ihr Licht fehlt etwas in dieser Welt.

Ich bewundere Menschen, die sich die Hände schmutzig machen und die sich ganz in dieses Leben hineingeben. Nicht um ihrer selbst willen. Sondern weil sie dienen wollen. Jesus sagt einmal: „*Wer sich selbst erhöht wird erniedrigt werden, und wer sich selbst erniedrigt wird erhöht werden!*" Wir Menschen klammern uns so sehr an Erfolg und Anerkennung. Wir erhöhen uns, stellen uns gut dar, suchen uns erfolgreiche Freunde, zu denen wir im Geheimen aufblicken können. Wir sehnen uns danach, dass das, was wir tun, auch wirklich gesehen wird. Aber ist es nicht wirklicher Erfolg, einen traurigen Menschen zum Lachen zu bringen, einem Sterbenden die Hand zu halten, einen Gescheiterten zu ermutigen, einem Hilflosen aufzuhelfen …?

Ein Sprichwort aus Indonesien sagt: „*Nur Menschen, die die Härte des Lebens erfahren haben, lernen sich beugen, ohne ihren Stolz zu verlieren*". Und ich möchte ergänzen, der wahre (bzw. der gesunde) Stolz entsteht erst, wenn wir lernen, uns zu (ver-) beugen. Es ist pubertär, wenn Menschen allein davon leben, sich abzugrenzen. Es ist sehr unreif, wenn Menschen nur davon reden, was sie nicht gut finden, was man verbessern müsste und wer alles an den schlechten Umständen ihres Lebens schuld ist. Der wirklich weise und reife Mensch lernt, in der Anerkennung des Nächsten zu leben.

Neulich habe ich in einer katholischen Obdachloseneinrichtung ein Konzert gespielt. Ich war sehr bewegt von der Arbeit und der leidenschaftlichen Inbrunst der Ordensschwestern. Was mich aber noch mehr bewegte, war die Wertschätzung, mit der die Schwestern den Menschen dort begegneten. Nach vielen kleinen Erlebnisberichten und einer Führung durch die Einrichtung sagte eine der Schwestern: *„... und wir lernen auch viel von den Straßenbrüdern. Nicht nur neue Kraftausdrücke!"*

Ich habe den schönsten Beruf ergriffen. Ich bin Diakon geworden. Das Wort „Diakon" kommt aus dem Griechischen und bedeutet Diener. Ich freue mich sehr an Menschen, die bereit sind zu dienen. Dazu müssen sie nicht unbedingt den gleichen Beruf ergreifen, den ich gewählt habe. Aber ich glaube, der wahre Sinn des Lebens liegt im Dienen. Und ich halte es für einen heiligen Moment, wenn wir innehalten und begreifen, was in diesem Dienst geschieht. Wenn ich entdecke, ich habe etwas zu geben, ich werde gebraucht. An diesen Punkt zu kommen, meine eigenen Gaben zu entdecken, ist eine existenzielle Aufgabe.

Oft bekomme ich nach Konzerten Rückmeldungen, Briefe und Mails voller Anerkennung. Ich freue mich sehr über diese Post! Es tut einfach gut, wenn man ermutigende Worte gesagt bekommt. Neulich schrieb mir eine Frau: *„Ich beglückwünsche Sie! Sie haben Ihren Weg gefunden. Sie geben Menschen mit Ihren Büchern und Liedern Kraft. Ich würde gerne auch etwas geben. Aber ich habe leider nichts, womit ich anderen Menschen helfen könnte."* Das macht mich sehr traurig. Wie kann ein Mensch nur von sich denken, dass er nichts zu geben hätte? Mir fällt es schwer, Menschen zuzuhören, die mir weismachen wollen, dass sie keinen Sinn für sich entdecken könnten und keinen Platz in dieser Welt hätten.

Als ich von einer Harfenspielerin hörte, die in München von einer „Sterbestation“ zur nächsten geht und dort den Menschen kostenlos ihre Lieder vorspielt, war ich sehr berührt. Es zeigt: Jeder, wirklich jeder, kann eine wichtige Aufgabe in seinem Leben erfüllen. Wenn ich mir allein die vielen Krankenstationen in unserem Land anschaue, in denen Menschen einsam auf den Tod warten, wäre es ein großer Dienst, wenn andere Menschen dort an ihrer Seite wären – und sei es „nur“, um ihre Hand zu halten.

Anders, als wir denken

Eine französische Legende erzählt von einem Gaukler, der die Leute mit seinen Späßen und Kunststücken erfreute. Er konnte wunderbar springen, auf seinen Händen laufen und tanzen. Er zog von Ort zu Ort, von Jahrmarkt zu Jahrmarkt, und überall gaben ihm die Leute so viel, dass es ihm gerade zum Leben reichte. Endlich war er all des Treibens müde, und er klopfte an das Tor eines Klosters. Er bat, aufgenommen zu werden.

Der Abt gab ihm eine Mönchskutte, und er reihte sich bescheiden als Letzter ein, wenn die Mönche zum Gebet schritten. Bald aber wurde sein Herz von tiefem Gram erfüllt: Er konnte nicht mitsingen, wenn der Chor der Klosterbrüder sang. Er wusste die lateinischen Worte nicht zu sagen, die die Mönche beim Gebet sprachen. Er verstand auch nicht, in den frommen Büchern des Klosters zu lesen. Er fühlte, dass er hier unnütz sei. Das bedrückte ihn sehr. Eines Tages schlich er in eine einsame Kapelle, als die Glocke die Mönche zur Frühmesse rief. Ein Gedanke hatte ihn erfasst: „Wenn ich schon die Psalter nicht mitsingen kann, so will ich doch etwas tun, was ich kann.“ Er legte das Mönchsgewand ab. Und in seinem bunten Gauklergewand, das er unter der Kutte trug, begann er zu tanzen. Er drehte sich in unermüdlichem Schwung hierhin und dorthin. Seine Arme waren wie die Flügel eines Schmetterlings. Er sprang seine höchsten Sprünge, er schlug das Rad, er lief auf den Händen durch die Kapelle. Mit einem Wort: Er tanzte voller Inbrunst, mit Leib und Seele. Er tanzte, um Gott zu erfreuen. Er tanzte, bis er atemlos niedersank. Ein Mönch war ihm heimlich gefolgt und hatte durch einen Türspalt diesen Tanz gesehen. Er eilte zum Abt und holte ihn herbei. Am nächsten Tag ließ dieser den Bruder zu sich kommen. Zerknirscht fiel der vor dem Abt auf die Knie. Kaum konnte er seine Tränen zurückhalten: „Ich weiß, dass ich ein schlechter Mönch bin. Anstatt zu beten habe ich getanzt. Ihr habt recht, wenn ihr mich aus dem Kloster werft. So will ich freiwillig wieder auf die Straße gehen!"

Doch der Abt zog ihn zu sich empor und sagte: *„Du hast mit deinem Tanzen eindringlicher zu Gott gesprochen, als wir es alle tun. Denn oft sind es nur unsre Lippen, welche die Worte formen und nicht unsre Herzen. Bleibe bei uns. Deine Frömmigkeit kommt aus dem Herzen. Du ehrst Gott mit Leib und Seele durch dein Tanzen."*

Sich lieben lernen

Wenn Heimat nicht nur ein bestimmter Ort ist, sondern auch ein Gefühl, dann ist die Sehnsucht nach dem Zuhause, das Heimweh, auch kein Verlangen nach „Vier Wänden", nach Straßen und Hausnummern. Dann ist das brennende Gefühl tief in uns ein Zeichen dafür, wie groß die Sehnsucht nach Geborgenheit ist. Uns treibt das Verlangen, ein wahres zu Hause zu finden, bei mir selbst anzukommen, mich selbst lieben zu können – mit allem, was zu mir gehört. Der Weg „nach Hause" ist ein Weg der Annahme und Selbstliebe.

Jesus wurde einmal nach dem höchsten Gebot gefragt und seine Antwort lautete: *„Liebe Gott von ganzem Herzen und deinen Nächsten wie dich selbst!"* Die Suche nach Gott, die Suche nach dem Nächsten kann nur gelingen, wenn ich mich zuerst auf die Suche nach mir selbst begebe. Wie soll ich Gott oder meinen Nächsten lieben, wenn ich mich selbst nicht annehme und liebe? Das ist natürlich immer leichter gesagt als tatsächlich getan.

Wenn unser Kater sich bei uns zu Hause nicht wie vorgesehen im Katzenklo sondern irgendwo im Haus seiner Last entledigte, dann nahm ihn mein Vater und tunkte ihn mit dem Gesicht in seinen Haufen. Für unser Haustier schien diese Vorgehensweise sinnvoll. Wir selbst wollen nicht mit der Nase auf unsere Fehler gestoßen werden. Es hilft uns nicht, wenn wir uns gegenseitig immer wieder anklagen und (um im Bild zu bleiben) mit Dreck bewerfen.

Ich neige ohnehin dazu, mich mit Selbstvorwürfen noch zusätzlich zu quälen, wenn ich in einer Sache gescheitert bin. Was wäre, wenn wir uns für unser Versagen einmal nicht mit Selbstvorwürfen abstrafen, sondern uns in unseren Sehnsüchten ernst nehmen? Was steckt hinter der Tat? Welches Bedürfnis trieb mich an? Und was würde passieren, wenn ich mitten im Scheitern lerne, mich selbst zu achten und anzunehmen, mir etwas Gutes zu tun und so das Kind in mir zu trösten? Nicht um mich für mein Versagen zu belohnen – sondern um mich wertschätzend ernst zu nehmen.

Von Victor E. Frankl, einem österreichischen Psychiater und Psychotherapeuten, dem Begründer der Logotherapie, können wir lernen, was es heißt „trotz allem" Sinn im Leben zu entdecken. Seine Biografie ist erschütternd und ermutigend zugleich. 1938 wird sein Heimatland Österreich von den Deutschen besetzt. Er schwimmt nicht mit dem Strom, widersetzt sich den Anordnungen, behandelt als Arzt auch die, denen der Staat keine Zukunft mehr geben möchte. Eine Möglichkeit, nach Amerika auszuwandern, schlägt er aus, um bei seinen jüdischen Eltern zu bleiben.

1942 heiratet er. Doch das Glück wird ihm versagt: Das junge Paar wird von den Nazis gezwungen, das gemeinsame Kind abzutreiben. Bald danach wird die ganze Familie nach Theresienstadt, einem Ghetto nahe Prag, deportiert. Hier stirbt sein Vater an Erschöpfung. Dann geht es weiter nach Auschwitz, dort ermordet man seine Mutter in der Gaskammer. Seine Frau wird nach Bergen-Belsen gebracht und stirbt. Er selbst überlebt.

In seinem bekanntesten Buch „*Trotzdem Ja zum Leben sagen*" schreibt er über seine Zeit im Konzentrationslager. Für ihn steht fest, dass jeder Sinn im Leben finden kann – den Sinn, den man selbst seinem Leben gibt. Er bringt es kurz und knapp auf den Punkt: „*Der Seele Heimat ist der Sinn.*"

Eine Sinnquelle sieht er in der Möglichkeit, schöpferisch aktiv zu werden, ein Werk zu schaffen, etwas in die Tat umzusetzen. Eine andere Möglichkeit steckt im bewussten Erleben, wenn wir die Schönheit der Natur oder die Güte eines Menschen erfahren.

Während ich diese Zeilen schreibe, geht vor meinem Fenster ein alter Mann aus unserer Gemeinde vorbei. Schwerfällig und mühsam setzt er einen Fuß vor den anderen. Er bringt die Kollekte vom gestrigen Gottesdienst ins Pfarramt. *„Der arme Alte!"*, denke ich. Ich könnte das Geld doch auch mit dem Auto holen fahren, schießt es mir durch den Kopf. Das ginge doch viel einfacher, schneller und der Mann hätte nicht so einen Kraftaufwand. Doch dann wird mir klar: in seinem Gang steckt eine Würde. Und in seinen Augen kann ich den Stolz sehen, der ihn erfüllt: „Ich werde gebraucht!"

Ein paar Tage später sitze ich in einem Münchner Café, mir gegenüber eine Lottobude. Der Jackpot ist wieder einmal übervoll und die Leute strömen in das Geschäft, um ihre Lottoscheine abzugeben. Zwei Männer beginnen am Nebentisch über das Glück eines Lottogewinns zu sinnieren. Was würden sie nur mit so viel Geld machen? Natürlich fällt Männern sofort sämtliches technische Gerät ein, das man(n) braucht – ein tolles Auto (nur eines?), ein großes Haus. Ja, die Frau würde natürlich auch mit schönem Schmuck bedacht werden. *„Wenn am Schluss noch etwas übrig ist!"*, fällt ihm sein Gegenüber ins Wort. Beide lachen. Und natürlich Reisen! Schöne, exklusive Reisen unternehmen, das sollte man machen – da waren sich beide einig. Und dann hat der eine die zündende Idee: *„Na, und auf jeden Fall nicht mehr arbeiten!"*

Und ich denke mir, ja aber was dann? Was würde passieren, wenn ich keinen Ort und keine Möglichkeit hätte, mich mit meinen Gaben und Fähigkeiten einzubringen? Welchen Schatz man mit seiner Arbeit, mit dem Glück arbeiten zu dürfen hat, erfährt man oft erst im Gespräch mit Menschen, die nicht arbeiten können. Menschen, die gerade in den Ruhestand gegangen sind, und die plötzlich ein Amt, eine Arbeit oder eine

Funktion nicht mehr ausüben dürfen. Menschen, die nach der hundertsten Bewerbung aufgegeben haben. Menschen, die sich inzwischen sicher sind, dass sie nicht mehr gebraucht werden.

Wer definiert eigentlich den Wert meiner Arbeit? Wer bestimmt, ob und wie ich Sinn in meinem Leben entdecke, welchen Weg ich gehe? Wer füllt das Wort „erfolgreich" mit Inhalt, Zahlen und Messeinheiten? Was hat wirklich auf Dauer Bestand? Heute glitzernd, bejubelt, hochgelobt – und morgen? Wie vieles bleibt unerkannt, unentdeckt und geschieht leise im Schatten der Großen? Wie viele Ereignisse ziehen unbeachtet an uns vorbei? Wen interessiert, dass es neben „wichtigen", großen Ereignissen der Weltpolitik, die uns täglich in den Nachrichten entgegenflimmern, eine Tochter gibt, die aufopfernd ihren schwer demenzkranken Vater pflegt? Vielleicht wird dieser sie schon beim nächsten Besuch nicht mehr erkennen. Aber wie wichtig ist es, sich füreinander hinzugeben!

Was hat morgen noch Bestand? Was überdauert den Moment und macht uns langfristig glücklich?

Mir kommt eine Geschichte in den Sinn, die ich vor einiger Zeit gelesen habe. Sie erzählt von einer an Parkinson erkrankten Pianistin. Für sie steht fest, dass sie nicht mehr leben will, wenn sie kein Klavier mehr spielen kann.

Die Krankheit schreitet fort. Als ihre Hände keine Klaviertasten mehr drücken können, sagt sie: „*Wenn ich nicht mehr ohne Hilfe gehen kann, dann will ich nicht mehr leben.*" Doch es geht weiter, ihr Gesundheitszustand wird immer schlechter. Sie fürchtet sich vor dem Alleinsein und sagt ihren Besuchern: „*Wenn ich alleine bin und mich keiner mehr besuchen kommt, dann ist wirklich Schluss. Dann will ich nicht mehr leben.*"

Am Ende liegt sie allein in ihrem Bett und summt vor sich hin. Die Melodie kann keiner erkennen, aber sie selbst scheint noch zu wissen, welches Lied ihr gerade durch den Kopf geht. In allem Leid hat sie die Liebe zur Musik behalten. Das hat sie bis zum Schluss getragen.

Ich bewundere Menschen, die sich ganz einer Sache verschrieben haben und darin aufgehen. Ich denke an Beethoven, der, nachdem er taub geworden ist, noch fünf Symphonien geschrieben hat. Ich denke an das Genie Albert Schweizer, der es nicht nötig hatte, von anderen gelobt zu werden. Auf die Frage: *„Warum reisen Sie in der dritten Klasse?“*, antwortete er: *„Weil es keine vierte Klasse gibt!“* Wenn ein Mensch weiß, wer er ist, was er kann und was sein Ziel im Leben ist, dann braucht er sich nicht mehr selbstständig zu vergewissern, wie wichtig er ist.

Und der erfolgreiche Bergsteiger Reinhold Messner schreibt: *„Je weniger ein Mensch vom Erfolg abhängt, desto unwahrscheinlicher wird sein Sturz!“*

Sinnvoll leben

Manchmal komme ich ins Grübeln: War mein Tag heute sinnvoll? Habe ich das erreicht, was ich wollte? Habe ich etwas Bleibendes geschaffen? Und wenn nein, was könnte ich morgen anders machen? Habe ich heute Liebe, habe ich die Freundlichkeit eines Menschen erfahren? Oder ist mir das Leben rau und ungemütlich entgegengetreten?

Auch wenn es viele sinnvolle Gestaltungsmöglichkeiten in unserem Leben gibt, bleibt kein Menschenleben von unerwarteten Krisen verschont.

Ich denke noch einmal an Victor Frankl, der im Konzentrationslager Auschwitz viel Leid erfahren hat. Zwei Wege zur Sinnfindung, die er sieht, habe ich bereits im letzten Abschnitt beschrieben. Der dritte Weg, Sinn zu finden, ist für ihn „… *eine Tragödie – auf menschlicher Ebene – in einen Triumph zu verwandeln. Eine unveränderliche Ursache, eine unwendbare Situation aufrecht zu durchleben in Tapferkeit und Würde*". Und es stimmt: wenn wir wissen, wohin die Reise für uns geht, dann eröffnen sich ungeahnte Kräfte.

Im Rückblick auf die Krisen meines Lebens entdecke ich, wie wichtig sie waren, um zu mir selbst zu finden. Die Widrigkeiten des Lebens, Krankheiten, Trennungen, Streit – der Verlust eines geliebten Menschen, das Scheitern von Projekten, Träume, die sich in Luft auflösen, lassen uns erkennen, worauf es wirklich ankommt. Sie führen immer wieder neu zu der Frage, was der Sinn Lebens ist, was das menschliche Dasein ausmacht.

Menschen sind auf der Suche nach ihrem Glück. Ich bin mir sicher, wenn wir den Sinn in unserem Leben gefunden haben, dann gehört uns auch das Glück.

Vieles im Leben kann man entkräften, indem man es relativ sieht. Manches, was mich ärgert, kann ich ändern. Anderes ist, wie es ist. Wichtig ist vor allem, die Probleme, die sich mir in den Weg stellen, wirklich anzugehen.

Mir hilft es, mir von Zeit zu Zeit eine Liste mit allen Baustellen meines Lebens zu machen. Wo stehe ich gerade? Was bedrückt mich? Wo komme ich nicht weiter? Welche Probleme kann ich angehen, was kann ich ändern – alleine oder mit fremder Hilfe?

Manchmal ist es ein guter Freund, der mir hilft, mich besser zu verstehen. Ein anderes Mal brauche ich einen Profi, einen Seelsorger, einen Arzt, einen Therapeuten. Jemanden, mit dem ich meine Probleme angehen kann, der mich dabei professionell begleitet. Jemanden, der mich nicht einfach über die Sorgen hinwegtröstet, sondern jemanden, der mir hilft, den Schwierigkeiten wirklich ins Auge zu sehen. Am Ende wird manches bleiben, was ich nicht ändern kann. Dann müssen wir lernen, in den kleinen und großen „Lasten" den Sinn unseres Lebens zu erkennen, das Problem mit Würde zu tragen.

Abraham Lincoln wurde einmal nach dem wichtigsten Satz für sein Leben gefragt. Ein Satz, der einem Menschen den wahren Sinn des Lebens erklären und ihm in guten wie auch in schlechten Tagen weiterhelfen würde. Nach langem Überlegen sagte er: *„Auch das wird ein Ende nehmen ..."*

Mich selbst entdecken

Die Frage nach dem Sinn, die Frage nach Berufung, nach dem „Wohin", führt immer wieder zu mir selbst. Über Sinn und Unsinn meines Lebens entscheide ich selbst.

Auch wenn noch so viele Menschen in Ihren Lebensfragen mitreden wollen – bleiben Sie bei sich. Und mit Hermann Hesse rate ich Ihnen, zügig ein Instrument zu lernen:

Klavier und Geige, die ich wahrlich schätze,
Ich konnte mich mit ihnen kaum befassen;
Mir hat bis jetzt des Lebens rasche Hetze
Nur zu der Kunst des Pfeifens Zeit gelassen.

Zwar darf ich mich noch keinen Meister nennen,
Lang ist die Kunst und kurz ist unser Leben.
Doch alle, die des Pfeifens Kunst nicht kennen,
Bedaure ich. Mir hat sie viel gegeben.

Drum hab ich längst mir innigst vorgenommen,
In dieser Kunst von Grad zu Grad zu reifen,
Und hoffe endlich noch dahin zu kommen,
Auf mich, auf euch, auf alle Welt zu pfeifen.

Pfeifen Sie auf die vielen Stimmen, die Ihnen sagen wollen, wie Ihr Leben besser gelingen könnte und entdecken Sie Ihre Berufung, Ihren Sinn, Ihren persönlichen Weg.

Damit meine ich nicht, dass wir uns nicht von anderen hinterfragen lassen sollten. Aber welche Auswirkungen hätte es für unseren Umgang mit anderen Menschen, wenn wir herausfinden, wer wir wirklich sind und anfangen, unsere verborgenen Schätze auszugraben? Wenn wir ganz bei uns wären, müssten wir nicht mehr sehnsüchtig nach den Erfolgsmustern anderer Ausschau halten und versuchen, uns anzupassen, immer in der Hoffnung, irgendwann endlich dazuzugehören.

Zeit – das Leben auskosten

Wenn ich nicht unbedingt pünktlich zu einem Termin kommen muss, dann steige ich auch manchmal auf den Zug als Transportmittel um. Nicht selten stehe ich an Bahnhöfen und finde mich schnell in einer Art Glaubensgemeinschaft wieder. Die Menschen am Bahnsteig haben alle ein Ziel, wenn auch jeder ein anderes. Alle hoffen bald anzukommen – am besten pünktlich. Und alle sind dabei unverbesserliche Optimisten, wider besseres Wissen nicht bereit, aus der eigenen Vergangenheit zu lernen. Gemeinsam wird mit jeder Verspätungsansage gebangt, ob der Anschlusszug noch zu erreichen ist. Ich werde in solchen Momenten sehr schnell ungeduldig.

Wieder einmal stand der Zug wenige hundert Meter vor einem Bahnhof und wartete wegen einer Signalstörung auf die Erlaubnis zur Weiterfahrt. Ich saß im Abteil, trommelte mit den Fingern genervt auf dem Tisch und stöhnte laut auf, als die Durchsage kam, dass sich die Weiterfahrt noch einige Minuten verzögern würde. Dann rief ich meine Frau an, um ihr zu sagen, dass ich später kommen würde. Als ich aufgelegt hatte, sagte ich noch einen werbeuntauglichen Satz über die Deutsche Bundesbahn und packte genervt meine Unterlagen wieder aus.

Der ältere Mann gegenüber grinste mich an und begann unaufgefordert zu erzählen. Er fände ja Verspätungen gar nicht schlimm, im Gegenteil sogar ganz besonders schön. Blumig formte er seine Sätze mit einem salbungsvollen Honiglächeln. Es lag auf der Hand: Der Mann musste frisch verliebt sein.

Dann erzählte er mir seine Geschichte. Er war einmal zu spät zum Bahnhof gekommen, musste rennen und hatte dann doch den Zug verpasst. Neben ihm lief eine Frau, die ebenfall zu spät war, zu den Gleisen. Aber als sie beide ankamen, war der Zug weg. Jetzt hieß es warten. Dabei kam er mit der Frau ins Gespräch, entschied sich spontan, seine Reisepläne zu ändern und verbrachte das ganze Wochenende mit ihr. Inzwischen sind sie ein Paar. Vor zwei Wochen haben sie geheiratet.

Seine Geschichte hat mich berührt, ich habe diesen alten Mann bewundert. Von ihm kann man lernen, in das Leben hineinzubeißen wie in einen saftigen Apfel. Die Zeit auszukosten, sich nicht von Rückschlägen aufhalten zu lassen, um so die Chance einer neuen Situation erkennen. Das möchte ich auch!

Albert Schweitzer schrieb einmal, selbst schon im letzten Drittel seines Lebens: „*Niemand wird alt, weil er eine Anzahl Jahre hinter sich gebracht hat. Man wird nur alt, wenn man seinen Idealen Lebewohl sagt. Mit den Jahren runzelt die Haut, mit deinem Verzicht auf Begeisterung aber runzelt die Seele. Sorgen, Zweifel, Mangel an Selbstvertrauen, Angst und Hoffnungslosigkeit, das sind die langen, langen Jahre, die das Haupt zur Erde ziehen und den aufrechten Geist in den Staub beugen. Du bist so jung wie deine Zuversicht, so alt wie deine Zweifel, so jung wie deine Hoffnung, so alt wie deine Verzagtheit. Solange die Botschaft der Schönheit, Freude, Kühnheit, Größe, Macht von der Erde, den Menschen und dem Unendlichen dein Herz erreichen, so lange bist du jung. Erst wenn die Flügel nach unten hängen und das Innere deines Herzens vom Schnee des Pessimismus und vom Eis des Zynismus bedeckt sind, dann erst bist du wahrhaft alt geworden.*"*

* Albert Schweitzer, „*Die Ehrfurcht vor dem Leben*", © *Verlag C. H. Beck, München*

Grenzen entdecken

Ich liebe es zu arbeiten. Aber manchmal ist meine Liebe grenzenlos. Da geht die Begeisterung für die Arbeit, die Leidenschaft mit mir durch und ich kenne keine Grenzen mehr. Meist merke ich es nicht gleich, dann aber melden mir mein Körper und meine Seele zurück, dass ich den Bogen überspannt habe. Ich bin erschöpft, übermüdet, werde krank.

Ich brauche immer wieder Pausen, Auszeiten vom Alltag. Zeit, um die Seele einmal baumeln zu lassen.

Nicht umsonst gibt es die Sonntagsruhe. Sechs Tage arbeiten, einen Tag Pause.

Gleich in der Schöpfungsgeschichte der Bibel wird es beschrieben: Auch Gott ruhte am siebten Tag von seiner Arbeit. Wenn heute verkaufsoffene Sonntage sich immer größerer Beliebtheit erfreuen und manchen Zeitgenossen auch Ladenöffnungszeiten von 7 bis 22 Uhr nicht ausreichend erscheinen, gilt es, sich der lebensklugen Einrichtung von Zeiten der Ruhe neu zu besinnen.

Es gibt eine alte Legende von einem Fischer: Er wohnte in einem kleinen Dorf und fuhr, wie viele andere, die dort lebten, täglich aufs Meer. Zwischen ihm und den anderen Fischern des Ortes gab es einen Wettstreit, wer in einer Woche den größten Fang macht. Unbedingt wollte er der Beste sein.

Voller Tatendrang fuhr der Fischer hinaus aufs Meer und brachte am Abend fünf Dutzend große Fische an Land. Die anderen staunten. Das motivierte ihn und er beschloss, seine Leistung am nächsten Tag noch zu übertreffen. Abends ging er bald ins Bett, um am nächsten Tag vor allen anderen hinauszufahren. Doch trotz aller Anstrengung gelang es ihm nicht, an diesem Tag mehr als drei Dutzend Fische zu fangen. *„Vielleicht habe ich einfach zu wenig geschlafen?"*, dachte er und beschloss, sich gleich auszuruhen, wenn er nach Hause kam.

Am nächsten Morgen sprang er, noch bevor der Hahn krähte, aus seinem Bett. Er freute sich – heute würde er bestimmt seinen ganz persönlichen Rekord aufstellen. Die Leute würden noch lange von seinem Fang reden!

Als der Tag zu Ende ging, kehrte er traurig mit mageren zwei Eimern voller Fische im Boot zurück. Am Tag darauf war es noch weniger, am übernächsten fing er ganze drei Fische. Seinen letzten Tag verbrachte er damit, wieder und wieder die Netzte auszuwerfen. Er gab sein Bestes. Aber nur ein Fisch verfing sich in seinem Netz. Beschämt erzählte er es den anderen. Da fragten sie ihn: *„Wann hast du denn zum letzten Mal die Netze geflickt?"* – *„Ach, die Netze!"*, der Fischer winkte ab, *„dafür hatte ich doch keine Zeit! Ich musste doch raus und Fische fangen."*

Entdeckungen

Ich erinnere mich noch sehr gut an meinen ersten Kindergartentag. Ich wollte auf keinen Fall bei diesen fremden Leuten bleiben, habe geheult und wollte sofort wieder nach Hause. Aber schon am zweiten Tag war der Gang in den Kindergarten für mich kein Problem mehr. Ganz im Gegenteil! Ich ging gerne dorthin – nicht nur, weil mir mein großer Bruder eine „Winnetou"-Schallplatte schenkte, um meinem Indianermut Respekt zu zollen.

Später kamen neue, spannende Abschnitte, kleine und große Reisen, der endgültige Abschied vom Elternhaus, die ersten eigenen vier Wände. Und auch aus denen bin ich dann irgendwann wieder aufgebrochen.

Ein Menschenleben ist die Geschichte des Aufbrechens – ein Leben lang. Aufbrüche geben uns im Leben die Chance auf Entwicklung, auch wenn sie uns Überwindung und Mut abverlangen. Im Aufbrechen entdecken wir unseren Weg. Das ganze Leben ist eine Entdeckungsreise, eine Reise zu neuen Ufern. Veränderung heißt, unsere eigenen Grenzen zu entdecken und zu versuchen, sie zu erweitern. Immer wieder komme ich dabei auch an einen Punkt, den ich alleine nicht überwinden kann.

Die Bibel, das Buch der unendlichen Lebensgeschichten, erzählt uns die Geschichte von Abraham. Im hohen Alter sagt Gott zu ihm (1. Mose 12, 1 + 2): „*Geh aus deinem Vaterland und von deiner Verwandtschaft und aus deines Vaters Hause in ein Land, das ich dir zeigen will! Und ich will dich zum großen Volk machen und will dich segnen und dir einen großen Namen machen, und du sollst ein Segen sein.*"

Abraham bricht tatsächlich auf und erlebt als alter Mensch, dass sich ihm neue Türen auftun. Es beginnt ein spannendes, neues Kapitel in der Geschichte seines Lebens.

Das Leben vom Ende her denken

In einem Seminar, in dem der Veranstalter mich und meine Tätigkeiten zuvor sehr ausführlich vorgestellt hatte, zitierte ich einmal den Satz: „*Man stirbt so, wie man gelebt hat*". Da meldete sich ein Seminarteilnehmer und meinte: „*Dann werden Sie sicher recht alt, denn Sie haben bestimmt keine Zeit zum Sterben.*" Er hatte die Lacher auf seiner Seite.

Der Umgang mit dem Tod ist vielen fremd. Gerne verdrängen wir, dass unser Leben jeden Augenblick vorbei sein kann.

Wenn ich mich selbst entdecken möchte, gehört auch der Blick aufs Scheitern und Sterben dazu. Wenn ich mein Leben vom Ende her denke, gewinne ich eine andere Sicht auf die Welt. Die Bibel rät: *„Lehre uns bedenken, dass wir sterben müssen, auf dass wir klug werden."*

Paul Gerhardt, einer der größten protestantischen Liederdichter, selbst von schweren Schicksalsschlägen wie dem Tod seiner Frau und mehreren seiner Kinder getroffen, schreibt in einem seiner Lieder: *„Ich bin ein Gast auf Erden und hab' hier keinen Stand. Der Himmel soll mir werden. Dort ist mein Vaterland. So will ich zwar nun treiben mein Leben durch die Welt, doch denk' ich nicht zu bleiben in diesem fremden Zelt. Ich wand're meine Straße, die zu der Heimat führt, da mich ohn' alle Maße mein Vater trösten wird."*

Mir gefällt das Bild vom *„wandernden Gottesvolk"*, das kein bleibendes Zuhause hat, sondern unterwegs ist.

Manchmal lese ich Todesanzeigen in der Zeitung oder betrachte mir Inschriften auf Grabsteinen. Manche beeindrucken mich, andere rühren mich zu Mitleid.

Was soll einmal auf meinem Grabstein stehen? Wie könnte ich in ein bis zwei Sätzen mein Leben auf den Punkt bringen? Was würde ich über mich in meiner eigenen Beerdigungsrede sagen?

Was soll einmal am Ende Ihres Lebens über Sie gesagt werden? Waren Sie ein guter Mensch? Ist es Ihnen gelungen, das umzusetzen, was Sie sich vorgenommen haben? Und wer wird zu Ihrer Beerdigung kommen?

Victor Frankl wurde in einem Interview einmal gefragt, ob er Angst vor dem Sterben hätte. Daraufhin sagte er: *„Ich habe keine Angst vor dem Sterben. Ich wäre eher sehr besorgt darüber, nicht ausreichend gelebt zu haben.“*

Wenn ich nach einer Beerdigung einen Friedhof wieder verlasse, fühle ich mich immer wieder neu beschenkt. Ich freue mich, schmecke das Leben und höre in mir ermutigende Worte: Lebe, denn noch hast du deinen Partner, noch hast du deine Eltern, noch hast du Zeit, noch hast du eine Aufgabe, noch lebst du. Und ich inhaliere die Stunden, die vor mir liegen, ich sauge sie wertschätzend in mich auf. Ob es noch Tage oder Wochen, Monate oder viele Jahre sind? Ich weiß es nicht …

Heimat, auf ewig

Wenn vorbeigeht, was uns hier auf der Erde bedrückt und traurig macht, wenn zum Beispiel eine lange Krankheit im Tod ihren Abschluss findet, dann ist es oft eine Erlösung für den Kranken. Was erwartet uns dann? Die Bibel beschreibt die Sehnsucht nach einem „friedvollen Danach“ in der Offenbarung des Johannes im 21. Kapitel: *„Und Gott wird abwischen alle Tränen von ihren Augen und der Tod wird nicht mehr sein, noch Leid, noch Geschrei, noch Schmerz, denn siehe es ist Neues geworden.“*

Für mich ist das eine wirklich tröstende Zusage. Egal, was kommt, das Ende wird gut. Wenn ich glaube, dass mein Leben auf der Erde zuletzt auch ein Weg nach Hause sein wird, ein Heimweg zu Gott, meinem Schöpfer, dann verliert das Ende des Lebens seinen Schrecken. Der Dichter Novalis kann voller Gewissheit schreiben: „*Wo gehn wir denn hin? Immer nach Hause.*“

Mein Ende wird kein dunkles schwarzes Loch sein, sondern der Anfang einer neuen Wirklichkeit. Im christlichen Glaubensbekenntnis heißt es: „Ich glaube an die Auferstehung der Toten.“ Wie groß ist meine Hoffnung, dass dieser Satz auch tatsächlich eintrifft, auch wenn der Verstand immer wieder an dieser Aussage zweifelt.

Wie stellen Sie sich das „Jenseits“ vor? Wie stellen Sie sich das „Danach“ vor? Glauben Sie an ein Leben nach dem Tod?

Dass Dir der Himmel offensteht

Du hast gekämpft und hast gewonnen
Der Preis dafür, geprägt von Schmerz.
Und was gerade noch zerronnen –
ist jetzt ganz fest in deinem Herz.

Denn Du liegst nicht lang am Boden.
Du hast gelernt, bald aufzusteh'n.
Und so wagst Du den Blick nach oben,
denn dieser Blick kann in den Himmel sehn.

Dass Dir der Himmel offen steht
Wenn Deine Welt grad untergeht
Und Deine Augen immer wieder Gutes sehn.
Und dass Dich jemand liebt
Wenn für Dich sonst nichts übrig blieb
und deine schmerzhaften Gedanken bald vergeh'n.
Das wünsch ich Dir.

Du hast gelebt und hast erfahren
Erfahrung kostet letztlich Dich.
Und die gestern Freunde waren,
die lassen heute Dich im Stich.

Doch Du hast ein starkes Wissen,
Du weißt dass es bald weitergeht.
Und diesen Schatz willst Du nicht missen,
weil Dir der Himmel offen steht.

Dass irgendwie die Wolken weiterzieh'n
Vielleicht, weil jemand sie wegschiebt.
Dass irgendwann dann wieder Kinder spiel'n
Weil irgendwo dann jemand, jemand liebt.

Text und Melodie: Andi Weiss

6

Von der Kunst bei mir selbst zu Hause zu sein

Manchmal fühle ich mich absolut glücklich „in meiner Haut“, in meinem Lebenshaus. Da scheint alles zu passen und zu gelingen. Pläne lassen sich im Handumdrehen realisieren, Träume gehen in Erfüllung. Zufrieden kann ich mich zurücklehnen und das Leben genießen.

Im nächsten Moment ist alles vorbei. Ein Projekt nach dem anderen scheitert, wie Seifenblasen werden meine Träume vom Sturm des Lebens davongetragen und ich kann kaum begreifen, wie schlagartig schnell die hellen Stunden zu Ende sein sollen.

Die Bibel spricht davon in großer Weisheit. Im Buch der „Prediger“, das vermutlich vor 2.300 Jahren niedergeschrieben wurde, steht am Beginn des 3. Kapitels: *„Ein jegliches hat seine Zeit, und alles Vorhaben unter dem Himmel hat seine Stunde: geboren werden hat seine Zeit, sterben hat seine Zeit; pflanzen hat seine Zeit, ausreißen, was gepflanzt ist, hat seine Zeit; töten hat seine Zeit, heilen hat seine Zeit, abbrechen hat seine Zeit, bauen hat seine Zeit; weinen hat seine Zeit, lachen hat seine Zeit; klagen hat seine Zeit, tanzen hat seine Zeit; Steine wegwerfen hat seine Zeit, Steine sammeln hat seine Zeit; herzen hat seine Zeit, aufhören zu herzen hat seine Zeit; suchen hat seine Zeit, verlieren hat seine Zeit; behalten hat seine Zeit, wegwerfen hat seine Zeit; zerreißen hat seine Zeit, zunähen hat seine Zeit; schweigen hat seine Zeit, reden hat seine Zeit, lieben hat seine Zeit, hassen hat seine Zeit; Streit hat seine Zeit. Friede hat seine Zeit.“*

Alles hat seine Zeit.

Ich schaue durch diesen alten Text zu mir und stelle fest: Ja, alles hat seine Zeit. Freunde finden und Freunde verlieren hat seine Zeit. Glauben und Zweifeln hat seine Zeit. Gott loben und mit Gott hadern hat seine Zeit. Schuldig werden und Vergebung empfangen hat seine Zeit. Sich für diese Schuld selbst hassen und lernen, sich selbst zu lieben, hat seine Zeit. Gewinnen und Verlieren hat seine Zeit. Sich furchtbar langweilen hat seine Zeit und sich in der Hektik der Arbeit nach dieser Langeweile sehnen hat seine Zeit. Schenken und beschenkt werden hat seine Zeit. Etwas schaffen hat seine Zeit. Und vom Schaffen geschafft sein, hat seine Zeit. Telefonieren hat seine Zeit und neben dem Anrufbeantworter stehen und hören, wie Leute ihre Nachricht nach dem Piepton hinterlassen, hat seine Zeit. Arbeiten hat seine Zeit und faul am Strand liegen hat seine Zeit. Hoch-Zeiten haben ihre Zeit und Krisen haben ihre Zeit. Vor Freude jubeln und schreien hat seine Zeit. Danach heiser sein, hat seine Zeit. Tanzen hat seine Zeit. Der Muskelkater am nächsten Tag hat seine Zeit. Das Leben feiern, gut essen und trinken hat seine Zeit, und der Kater am Morgen danach hat seine Zeit. Einen Ausflug machen hat seine Zeit. Kurz vor der Abfahrt auf seine Frau warten, das braucht Zeit. Sich den Bart rasieren hat seine Zeit und am nächsten Morgen sehen, dass man wieder genauso aussieht wie vor der Rasur, hat seine Zeit. Frühjahrsputz hat seine Zeit. Nach dem Putzen Besuch einladen und danach wieder Putzen hat seine Zeit. Das Leben schmecken hat seine Zeit und ins Gras beißen hat seine Zeit. Schwarze Trauerkleider anziehen hat seine Zeit und neuen Lebensmut finden hat seine Zeit. Fragen hat seine Zeit und mit Fragen leben hat seine Zeit. Sich auf die Suche machen hat seine Zeit und Finden hat seine Zeit. Reisen hat seine Zeit und danach nach Hause kommen hat seine Zeit. Lieben und hassen, finden und lassen, siegen und scheitern – alles hat im Leben seine Zeit, braucht seine Zeit – nimmt sich seine Zeit.

Noch einmal schlage ich die Bibel auf und lese: *„Also iss dein Brot, trink deinen Wein und sei fröhlich dabei! Denn schon lange gefällt Gott dein Tun! Trag immer schöne Kleider, und salbe dein Gesicht mit duftenden Ölen! Genieße das Leben mit der Frau, die du liebst, solange du dein vergängliches Leben führst, das Gott dir auf dieser Welt gegeben hat. Genieße jeden flüchtigen Tag, denn das ist der einzige Lohn für deine Mühen.“* (Prediger 9,7–9, Übersetzung „Hoffnung für alle“)

Das ist es: Ich kann ganz bei mir zu Hause sein, wenn ich weiß, wo ich hingehöre, zu wem ich gehöre. Wenn ich weiß, dass mein Leben in einem größeren Zusammenhang steht. Jetzt kann ich mein Leben wirklich in vollen Zügen genießen, Tag für Tag, solange mir die Zeit dafür geschenkt wird.

Dreh dich, Erde, komm dreh dich

Irgendwann bin ich dort – fort, an diesem Ort.
Wenn ich dort bin, werd ich sehn und versteh'n, wer ich war.
Irgendwann, geh ich fort, dort an diesen Ort,
bis ich dort bin, such ich den Sinn, und seh' noch nicht klar.
Noch ist mein Sinn teils getrübt, weil mich mein Spiegel belügt.
Ich seh' nur was kreist, was mein Kopf nicht begreift,
meine Seele versteift.

Dreh dich Erde, komm dreh dich
morgen ist auch noch ein Tag,
fertig werd ich heut eh nicht
also dreh dich, solange du magst.

Dreh dich, Erde, komm dreh dich
All die Fragen in dieser Welt,
erkläre ich mir heut eh nicht
also dreh dich solang's Dir gefällt.

Irgendwie such ich den Ort, noch scheint er weit fort.
Und so bild ich mir ein, ich bin schon daheim, bin am Ziel.
Irgendwo, mach ich mich froh, leb mein Leben, so – oder so.
Und dann scheint es mir, ich bleib immer hier,
und geh niemals fort.
Wie oft eil ich hinter Dingen – die nicht lange erklingen,
Fließt Zeit wie Sand, durch meine Hand, ohne festen Bestand.

Text und Melodie: Andi Weiss

Ruhe finden

Wer sehnt sich nicht nach Ruhe, nach stillen Momenten? Viel beschäftigte Manager ziehen sich zu Schweigetagen in Klöster zurück, andere gehen auf Pilgerreise. Bücher zu diesem Thema haben Hochkonjunktur. Aber die Unruhe in uns wird eher größer und nicht kleiner. Sicherlich trägt dazu auch unsere Medienkultur bei, das „anything goes", das überall verfügbare Angebot an Informationen. Noch nie in ihrer Geschichte hatten die Menschen in unserer westlichen Welt so viel Freizeit und so viele Möglichkeiten, diese sinnvoll und angenehm zu gestalten. Und noch nie waren so viele seelisch ausgebrannt und leer.

Heimat finden heißt auch, einen Ort der Ruhe zu haben. Einen Ort, an dem ich ganz für mich allein sein kann, an dem ich mich geborgen fühlen darf. Das hat viel damit zu tun, wie ich mein Zuhause gestalte. Steht der überdimensionierte Flachbildschirm des Fernsehers im Mittelpunkt des Familienlebens? Gibt es in jedem Raum mindestens einen PC oder Laptop, mit dem sich alle jederzeit und quasi rund um die Uhr Zutritt zum Internet, zu Spielen und Musikangeboten verschaffen können?

Ich genieße die Vorzüge der modernen Technik, ich genieße es auch, in der digitalen Welt Kontakte „pflegen" und „knüpfen" zu können. Via Facebook kann ich schnell und unkompliziert jemanden „anstupsen", einen ersten Kontakt anbahnen. Aber wie viel mehr wert ist ein persönlicher Handschlag, ein Blick in die Augen des anderen?

Ruhe finden heißt auch, sich manchen Möglichkeiten zu verschließen, manche Gelegenheit auszuschlagen, Technik schlicht abzuschalten und aus Ruhezonen in meinem Leben und meiner Wohnung zu verbannen. Ruhe finden heißt, das Handy auszumachen, auf Mails nicht gleich zu reagieren und manchmal einfach über Stunden und Tage nicht erreichbar zu sein. Heimat finden heißt, in meinem Leben echte Räume der Ruhe zu schaffen, in denen ich wirklich allein mit mir sein darf.

Carpe diem – pflücke den Tag

„Die Menschen wünschen sich ewiges Leben. Aber wenn es an einem Sonntagnachmittag einmal regnet, dann wissen die Menschen nichts mit dieser Zeit anzufangen." Ich fühle mich von diesem Spruch ertappt. Da stellt man sich ein Leben lang die Frage nach dem „Danach" und bedauert die Erdenzeit, die so begrenzt und so kurz bemessen ist, aber lernt nicht, das Jetzt zu schätzen. Schon der römische Philosoph Lucius Annaeus Seneca mahnt vor gut 2.000 Jahren: *„Es ist nicht zu wenig Zeit, die wir haben, sondern es ist zu viel Zeit, die wir nicht nutzen."*

Oft ist mein Kalender viel zu voll. Dann sause ich von einem Termin zum nächsten und weiß am Ende des Tages manchmal nicht, wo die Zeit geblieben ist. Dann sehne ich mich nach einem Ruhetag, oder noch besser, dem nächsten Urlaub. Wie oft meine ich, ich müsste unbedingt noch dieses oder jenes erledigen und schiebe so die freie, unverbrauchte Lebenszeit immer ein Stück vor mir her. Aber wenn ich zwischendurch tatsächlich einmal einen völlig freien Tag habe und in Ruhe zu Hause sitzen könnte, dann ist mir langweilig. Woran liegt es, wenn ich keine Ruhe in aller Geschäftigkeit finden kann?

Das Wort „genießen" hatte ursprünglich die Bedeutung „etwas nutzen". Gebrauchen Sie in diesem Sinne die Ihnen anvertraute Zeit? Nutzen Sie den Tag? Sind Sie ein Zeitauskoster, ein Zeitschmecker? Sind Sie ein Genießertyp? Oder haben Sie permanent das Gefühl, zu wenig Zeit zu haben? Jagen die Dinge Sie oder Sie die Dinge?

Eine wunderbare Geschichte über die Gelassenheit erzählt Heinrich Böll. Sie handelt von einem Touristen und einem

Fischer, die sich über ihr Leben und die Frage, was wirklich nötig ist, austauschen.

Der ärmlich aussehende Fischer wird am Anfang der Geschichte durch das Klicken des Fotoapparates des Touristen geweckt. Das Gespräch beginnt schleppend. Um die entstehende Verlegenheit zu überspielen, stellt der Tourist fest: „Sie werden heute einen guten Fang machen." Der Fischer verneint dies. „Aber das Wetter ist günstig." „Ja, das stimmt", sagt der Fischer. „Geht es Ihnen nicht gut?", fragt der neugierige Tourist. „Doch, doch." Es scheint alles in Ordnung zu sein. Dennoch will der Fischer nicht aufs Meer fahren. Der Tourist kann das alles nicht verstehen. So ein toller Tag, so viele gute, ungenutzte Möglichkeiten.

Als der Fischer schließlich sagt, dass er schon am Morgen ausgefahren ist und so viel gefangen hat, dass es für die nächsten Tage reicht, versteht sein Gesprächspartner die Welt nicht mehr. Er versucht ihm klarzumachen, dass er am Tag zwei-, drei- oder viermal hinausfahren könnte, dass er dabei so viel fangen und verdienen könnte, dass es irgendwann reichen wird, um sich ein großes eigenes Unternehmen aufzubauen und sich schließlich zur Ruhe zu setzen. Wenn er genug verdient hätte, könnte er einfach am Hafen sitzen und sich nur noch entspannen.

„Das kann ich jetzt schon", sagt ihm der Fischer. Nur das Klicken des Fotoapparates hat die Ruhe gestört. Und der Tourist geht nachdenklich und ein wenig neidisch davon …

Zeit ist ein kostbares Gut. Unersetzlich. Nicht wiederherstellbar. Ich will sie auskosten, ein lebenswertes Leben damit gestalten. Etwas schaffen, das bleibt. Lieben und geliebt werden. Und doch gelingt so wenig, habe ich das Gefühl, ich verliere meine Zeit.

Ich meine damit nicht kreatives Nichtstun, sondern ich meine die Zeitfresser, die mich dazu bringen, am Ende des Tages ernüchtert zu fragen, was ich an diesem Tag eigentlich gemacht habe. Statt mein Leben zu genießen, die Köstlichkeiten des Daseins zu schmecken, war ich doch wieder ein Getriebener. Ich lebe so, als ob mein Leben unendlich wäre – als ob ich unbegrenzt Zeit hätte. Und ich frage mich, ob sich meine Seele in meinem Körper zu Hause fühlt?

Der französische Schriftsteller und Philosoph Michel de Montaigne resümiert: *„Der Wert des Lebens liegt nicht in der Länge der Tage, sondern im Gebrauch, den wir von ihnen machen; ein Mensch kann lange, aber dennoch sehr wenig leben."*

Und der Zisterzienserabt Bernhard von Clairvaux schreibt vor mehr als 900 Jahren an seinen früheren Mönch, den damaligen Papst Eugen III.: *„Wie lange noch schenkst du allen anderen deine Aufmerksamkeit, nur nicht dir selbst? Wer aber mit sich selbst schlecht umgeht, wem kann er gut sein? Denke also daran: Gönne dich dir selbst. Ich sage nicht, tu das immer, ich sage nicht, tu das oft, aber ich sage, tu das immer wieder einmal: Sei wie für alle anderen auch für dich selbst da, oder jedenfalls sei es nach allen anderen."*

Dankbarkeit ist der Schlüssel zum Glück

Ich mag eigentlich die zahllosen Witz-E-Mails nicht, die täglich an große Verteiler verschickt werden. Neulich aber bekam ich eine Mail mit dem Betreff *„Wofür wir dankbar sein sollten, es oft aber nicht mal registrieren"*, die mich nachdenklich stimmte. Darin stand:

„Wofür wir dankbar sein sollten, es oft aber nicht mal registrieren … Für den Partner, der dir jede Nacht die Decke wegzieht, weil es bedeutet, dass er mit niemand anderem unterwegs ist. Für das Kind, das nicht sein Zimmer aufräumt und lieber fernsieht, weil es bedeutet, dass es zu Hause ist und nicht auf der Straße. Für die Steuern, die ich zahlen muss, weil es bedeutet, dass ich eine Beschäftigung habe. Für die riesige Unordnung, die ich nach der gefeierten Party aufräumen muss, weil es bedeutet, dass ich von Freunden umgeben war. Für die Kleidung, die mal wieder zu eng geworden ist, weil es bedeutet, dass ich genug zu essen habe. Für den Schatten, der mich bei meiner Arbeit „verfolgt", weil es bedeutet, dass ich mich im Sonnenschein befinde. Für den Teppich, den ich saugen muss und die Fenster, die geputzt werden müssen, weil es bedeutet, dass ich ein Zuhause habe. Für die vielen Beschwerden, die ich über die Regierung höre, weil es bedeutet, dass wir die Redefreiheit haben. Für die Straßenbeleuchtung, die so endlos weit von meinem Parkplatz weg ist, weil es bedeutet, dass ich laufen kann und ein Beförderungsmittel besitze. Für die hohe Heizkostenrechung, weil es bedeutet, dass ich's warm habe. Für die Frau hinter mir in der Kirche, die so falsch singt, weil es bedeutet, dass ich hören kann. Für den Wäscheberg zum Waschen und Bügeln, weil es bedeutet, dass ich Kleider besitze. Für die schmerzenden Muskeln am Ende eines harten Arbeitstages, weil es bedeutet, dass es mir möglich ist, hart zu arbeiten. Und für den Wecker, der mich morgens unsanft aus meinen Träumen reißt, weil es bedeutet, dass ich am Leben bin."

In Nachbars Garten wachsen die schönsten Trauben

Einer der Gründe, die mich hindern, ganz bei mir selbst zu sein, ist der Blick auf die anderen, auf die, die vermeintlich mehr, vermeintlich Schöneres bekommen haben.

Viele verbringen ihr ganzes Leben damit, das anzustreben, was andere haben.

„Heiraten ist wie eine Essensbestellung im Restaurant. Ob die Wahl gut war, sieht man, wenn der Nachbar das Essen bekommt.“, sagt ein lustiges Sprichwort. Ist es wirklich „ungut“, mich mit anderen zu vergleichen?

Auf jeden Fall kostet das ständige Hinterfragen der eigenen Situation einfach viel Kraft. Es nagt an unserer Seele, schürt die Unzufriedenheit, hält mich davon ab, wirklich bei mir anzukommen.

Dennoch will ich Sie dazu ermutigen, sich dem Vergleich einmal richtig zu stellen. Warum? Weil ich glaube, dass es die beste Medizin gegen Neid ist, wenn wir anfangen, uns tatsächlich auf eine gesunde und fundierte Art mit anderen zu vergleichen. Denn dann werden wir merken, wie es tatsächlich um uns bestellt ist. Gehen Sie also gedanklich auf die Reise. Malen Sie sich aus, „was wäre, wenn ich das alles mein Eigen nennen könnte …“ Nur zu! Aber vergleichen Sie bitte *alle* Vor- und Nachteile. Vergleichen Sie Einsatz und Verlust. Vergleichen Sie „den Preis“, der für die jeweilige Lebenssituation zu zahlen ist. Vergleichen Sie zum Beispiel nicht nur den vermeintlichen Reichtum und Besitz des anderen mit dem Ihren. Vergleichen Sie auch die Zahl der Freunde und die Freizeit, die jeder zur Verfügung hat. Und stellen Sie sich dabei unbedingt die Frage: *„Was davon brauche ich auch, um wirklich glücklich zu sein*?“ Fragen Sie sich bei allem, was der andere hat: „*Was davon würde mich wirklich glücklicher machen, wenn ich es auch tatsächlich besitzen würde?*" Sie werden bald merken, dass vielleicht die eine oder andere Person, mit der Sie sich verglichen haben, gerne mit Ihrem Leben tauschen möchte. Zum Beispiel der Reiche, der merkt, dass man Freunde nicht kaufen kann. Der Erfolgreiche, der auf dem Höhepunkt seiner Karriere an Krebs erkrankt und dabei feststellen muss, dass auch der hart erarbeitete Erfolg ihn nicht wieder gesund machen kann. Wie oft habe ich mich selbst schon mit anderen verglichen? Und wie oft wurde ich dabei unzufrieden, weil andere erfolgreicher, scheinbar „besser dran" waren?

Wenn wir neidisch vergleichen, was der andere hat, geben wir immer ein Stück unseres eigenen Schatzes auf, weil wir die eigenen „Perlen" im Leben schlecht und abschätzig bewerten.

Martin Buber stellt nüchtern fest, wohin uns die Suche nach dem Glück führen wird: *„Es gibt etwas, was man nur an einem einzigen Ort in der Welt finden kann. Es ist ein großer Schatz; man kann ihn die Erfüllung des Daseins nennen. Und der Ort, an dem dieser Schatz zu finden ist, ist der Ort, wo man steht."* *

Von mir selbst absehen

Mein Zuhause wird zu einem besonderen Ort, wenn ich diesen Schatz mit anderen Menschen teile. Dabei will ich den gedanklichen Bogen durchaus weiter ziehen, über den Kreis der Partnerschaft, der Verwandten und der Freunde hinaus.

* Martin Buber, „Der Weg des Menschen nach der chassidischen Lehre",
© 2001, Gütersloher Verlagshaus, Gütersloh, in der Verlagsgruppe Random House

Die Tür weit aufzumachen, auch Fremde zu empfangen, ihnen Raum in meinem Leben und meinem Zuhause zu geben, kostet zunächst immer Überwindung.

Und doch ist die Gastfreundschaft ein hohes Gut. Haben Sie schon einmal bemerkt, dass die Bereitschaft zur Gastfreundschaft mit der Armut der Menschen steigt? Da werden die kostbarsten Leckereien für den Gast aufgetischt, da wird in südlichen Ländern manchmal sogar ein Schaf geschlachtet, wenn Fremde zu Besuch kommen, da wird gefeiert.

Wie wäre es, Menschen einzuladen – sie zu bewirten –, auch dann, wenn wir sie nicht mögen, wenn sie uns nicht auf Anhieb sympathisch erscheinen? Andere haben andere Lebensvorstellungen, andere Lebensformen. Wenn wir uns mit Menschen, die anders sind, an einen Tisch setzen, wenn wir uns zueinander setzen, verändert sich etwas. Die Tischgemeinschaft führt dazu, dass wir uns intensiver als sonst mit dem Fremden auseinandersetzen. Das schafft Vertrauen. Wenn wir Menschen, die schlecht über uns reden – vielleicht weil sie genauso wie wir auf der Suche nach Heimat sind – würdevoll bewirten, wird es sie und uns verändern. Wie oft habe ich die mir auf den ersten Blick vermeintlich unangenehmen Zeitgenossen als wunderbare Bereicherung entdeckt?

Gastfreundschaft hat auch eine spirituelle Dimension: *„Vergesst die Gastfreundschaft nicht“*, erinnert uns die Bibel im 13. Kapitel des Hebräerbriefes, *„denn durch sie haben einige, ohne es zu ahnen, Engel beherbergt.“*

Und Romano Guardini formuliert: *„Das ist aller Gastfreundschaft tiefster Sinn, dass einer dem andern Rast gebe auf dem Weg nach dem ewigen Zuhause.“*

7

Aufbrechen, um anzukommen

Leben heißt, sich immer wieder neu auf die Suche zu machen. Leben heißt aufbrechen. Zum Aufbruch gehört immer das Abschiednehmen vom Alten. Nicht nur von lieben Menschen, denen wir im Laufe eines Lebens „Lebewohl“ sagen müssen. Nicht nur von schönen Orten der Erinnerung, die wir verlassen, um neu am Bild der Heimat zu malen. Leben heißt auch Abschied zu nehmen von negativen Aussagen, die an mir kleben, und damit die Macht dieser unschönen Worte zu brechen. Es heißt auch, Abschied zu nehmen von dunklen Tagen und schmerzvollen Erlebnissen, weil so die Angst, dass diese Situationen sich wiederholen könnten, gebannt werden kann. Abschied zu nehmen, heißt loslassen, hinter mir zu lassen, was mich bedrückt. Es heißt auch, Verantwortung zu übernehmen, das Steuer in die eigene Hand zu nehmen. Nicht mehr Schuldige woanders zu suchen, sondern bei mir selbst anzufangen. Einfach loszusegeln, weil das Leben, das vor mir liegt, mein Leben ist. Sie haben es sicher schon gemerkt. In diesem Buch habe ich nicht versucht, Ihnen Ihr Zuhause schön zu reden. Romantisches Alpenglühen und süßliche Heimatmelodien wollen sich in diese Seiten nicht einschleichen. Im Gegenteil. Ich habe versucht, Sie an vielen Punkten in bester Absicht zu enttäuschen und an dem vermeintlich schönen Lack zu kratzen, der die Oberfläche so herrlich versiegeln kann. Ist der Lack ab, kommt manches zum Vorschein, was wir lieber unter der Oberfläche gelassen hätten. Aber anderes beginnt neu zu funkeln. Manche unschönen Dinge, Enttäuschungen und Krisen können und werden unser Leben im Rückblick reich machen, wenn wir sie bejahen, wenn wir sie als Teil von uns akzeptieren und nicht versuchen, sie zu verstecken. Die Scherben unseres Lebens können zu einem wunderbaren Mosaik werden, einem Schatz, der das Leben reich macht. Aus manchem Abgrund wächst neues Leben, wenn wir es zulassen.

So wichtig der Blick in die Vergangenheit ist, so wichtig ist es, nach vorne zu blicken und mein Leben zu leben. Ein Satz von Albert Einstein gefällt mir in diesem Zusammenhang besonders gut: *„Noch mehr als die Vergangenheit interessiert mich die Zukunft, denn in ihr gedenke ich zu leben.“*

Das alles liest sich gut und klingt einfach. Im wahren Leben ist manches schwer, fällt mir das Abschiednehmen alles andere als leicht. Wie bekomme ich Lust auf das Leben, trotz all dem Frust von gestern? Wie kann ich trotz Scherben im Gepäck ein fröhlicher Lebenspilger werden? Wie kann ich heute das Leben in seiner Schönheit feiern, wenn ich doch weiß, wie unkalkulierbar es ist und wie nah feiern und trauern, lachen und weinen, siegen und scheitern beieinander liegen?

Viele gehen lieber mit der Masse, weil sie fest davon überzeugt sind, dass ihre Fußstapfen nicht von Bedeutung sind. Oder weil man ihnen gesagt hat, dass sie sowieso zu nichts taugen. Weil sie glauben, dass ihre Meinung, ihre Gaben, ihre Gedanken, ihr Können nicht von Bedeutung sind?

Haben Sie manchmal auch solche Gedanken? Sind Sie vielleicht auch davon überzeugt, dass alle anderen etwas schaffen können – nur Sie nicht? Vielleicht, weil Sie zu jung oder zu alt sind? Weil Sie die falsche Schulausbildung haben? Weil Sie eine Frau sind? Weil Sie nicht schlau oder stark genug sind?

Ich liebe einen Satz von Ernst Ferstl, der sagt: *„Ab und zu sollten wir auch jene, die nichts Gutes an uns finden, maßlos enttäuschen."* Ich kenne solche Festlegungen. Als Jüngster in einer Familie bleibt man immer der Kleine – auch wenn man schon längst erwachsen ist.

Auch sonst habe ich im Kreis der Familie meinen Ruf weg. Künstler halt …

Vieles scheint vorgezeichnet – doch jeder von uns hat die Chance, immer wieder neu aufzubrechen und etwas aus sich und seinem Leben zu machen. Und es ist gut, nicht immer den ausgetretenen Spuren zu folgen.

„Im Wald boten sich mir zwei Wege dar, ich nahm den, der weniger betreten war." Robert Lee Frost

Nach Hause!

Ich liebe es, auf Konzertreisen zu gehen, Menschen zu treffen, deren Lebensgeschichten zu hören, mit dem Publikum meine Fragen, Erfahrungen und Sehnsüchte zu teilen. Und doch ist es für mich jedes Mal ein ganz besonderer Moment, wenn ich mich am Ende einer Konzerttour nach dem letzten Abend ins Auto setze, das Navigationssystem aktivere und eine freundliche Stimme sagt: *„Nennen Sie bitte nach dem Signalton Ihren Befehl!"* Dann sage ich einfach *„Nach Hause!"* Anschließend kommt die kritische Rückfrage, wenn die Frau im Kasten sagt: *„Sind Sie sicher, dass Sie dieses Ziel einrichten wollen?"*

Aber klar doch! Auf! Mit voller Kraft nach Hause! Wie schön ist es, unterwegs zu sein – wie wunderbar ist es, zu wissen, wo man hingehört …

Volle Kraft voraus

Der Tag sagt leise wiederseh'n
Und weiß er muss jetzt geh'n
Weil die Nacht nun still regiert.
Den Mond sieht man am Himmel steh'n
Die Erde muss sich dreh'n
Damit es weitergeht.

Die Welt ist eine Achterbahn
und ich will sie fahr'n,
so lange ich nur kann.
Mal geht es steil bergauf,
mal nimmt es seinen Lauf,
doch ich geb nicht auf.

Volle Kraft voraus, ich weiß es geht gut aus,
meine Zeit in Deiner Hand.
Volle Kraft voraus, sieht es mal nicht gut aus,
dann leist ich Widerstand.
Die sternenklare Nacht, die uns der Wind gebracht,
leuchtet uns den Weg nach Haus.
Mit voller Kraft voraus.

Zuhaus' ist, wo die Seele wohnt
Und der hat sich belohnt
der gern zu Hause ist.
Zu Haus' ist nicht, wer sich gern verschont
das Schlechte nur betont,
den guten Kern vergisst.

Vor uns liegt ein großes Ziel
Weiß ich wohin ich will,
dann wird mir nichts zu viel.
Wer weiß, wie lang die Sterne glüh'n
die Blumen für uns blüh'n
und wir den Sonnenaufgang sehn.

Text und Melodie: Andi Weiss

Durch das Leben reisen

„Mit voller Kraft voraus! Mit voller Kraft nach Hause?" Ich hoffe, Sie haben nach dem Lesen dieses Buches Lust bekommen, Ihre Lebenslandkarte noch einmal mit dem Finger abzufahren und dann Ihren Kompass neu auszurichten.

Ich wünsche mir, dass ich Ihnen Mut machen konnte, die unschönen, unangenehmen und arbeitsintensiven „Baustellen" in Ihrem Zuhause lieben zu lernen. Vielleicht nicht alle gleich und sofort – aber mit der Zeit doch mehr und mehr.

Dass Sie zu den Krisen in Ihrem Leben „ja" sagen lernen. Krisen sind es, die Anstoß zu einer inneren Revolution geben. Nach einer Krise ist oft nichts mehr, wie es vorher war. Das schmerzt, kann aber auch ungemein heilsam sein.

Ich wünsche Ihnen den Mut, sich selbst und andere zu hinterfragen. Kinder fragen „Warum" und entdecken so ihre Welt. Ich wünsche Ihnen Leidenschaft, den Mut, sich Ihrem Leben ganz auszusetzen und keine Angst vor dem Morgen zu haben.

Ich wünsche Ihnen Geborgenheit, ein echtes Zuhause. Menschen, die mit Ihnen unterwegs sind. Ich wünsche Ihnen Partner, die bereit sind, in dunklen Zeiten bei Ihnen zu bleiben und somit dunkle Täler erträglicher machen. Ich wünsche Ihnen Orte, die Ihnen Zuflucht geben und Ihrer Seele Frieden schenken. Ich wünsche Ihnen einen Halt, der hält, bei dem Sie sich gerne aufhalten. Ich wünsche Ihnen Heimat, ein Zuhause weit über Ihre Reise auf diesem Planeten hinaus.

Franz von Sales schrieb: *„Wenn dein Herz wandert oder leidet, bring es behutsam an seinen Platz zurück und versetze es sanft in die Gegenwart deines Herrn. Und selbst wenn du in deinem Leben nichts anderes getan hast, außer dein Herz zurückzubringen und wieder in die Gegenwart unseres Gottes zu versetzen, obwohl es jedes Mal wieder fortlief, nachdem du es zurückgeholt hattest, dann hast du dein Leben wohl erfüllt."*

Boden unter den Füßen

„Er hält die ganze Welt in seiner Hand." Rauf und runter haben wir dieses Lied bei Kinderkirchentagen, im Kindergottesdienst und auf Freizeiten geschmettert. Da wurden Bewohner aus allen Ländern aufgezählt: Der Indianer mit seinem bunten Federschmuck, der Chinese mit seinem schwarzen Zopf, der Eskimo, der sein Haus aus Schnee baut, der Afrikaner, bei dem die Sonne heiß scheint, und auch wir aus Europa. *„Er kennt alle unsere Namen und hält uns alle, alle in der Hand."* Das *„alle, alle"* haben wir immer besonders laut gerufen. Das hat mir gefallen. Ach, war das schön. Kinderherzen sind so zugänglich und freuen sich einfach noch über solch gute Worte. In der Jugendzeit ist man dann viel zu cool, um solche „Kindereien" gutheißen zu können. Und später, als erwachsener Mensch, schaut man doch eher reflektiert auf das, was einem da so erzählt wird. Auf meiner langen Reise habe ich meinen Kinder-

glauben längst schon abgelegt. Mit dem Erwachsenwerden ist auch mein Glaube gereift.

Aber ganz so abgeklärt bin ich dann doch nicht. Schließlich steht in der Bibel, dass wir nicht nur Kinder Gottes heißen, sondern dass wir es auch sind.

Welche Schätze aus meiner Kindheit trage ich mit mir herum? Auf jeden Fall klingt das „alle, alle“ mit Blick auf die, die Gott in seiner Hand hält, heute noch in meinem erwachsenen Herzen nach. „Alle, alle“ – wirklich alle Menschen. Die Sieger und die Verlierer, die Heiligen und die Zweifler, die Gescheiten und die Gescheiterten, die Langsamen und die Schnellen. Für sie alle gilt das Psalmwort: „Ich kann nicht tiefer fallen als in Gottes Hand.“ „Alle, alle“ – das heißt jeder in jedem Moment. Ob ich mich gerade bei mir zu Hause fühle oder nicht. Ob ich suchend um die Häuser ziehe, oder ob ich es mir daheim gemütlich gemacht habe. Ob ich das alles im Moment wirklich glauben kann, oder ob der Zweifel an mir nagt.

Es müssen mir nicht alle Fragen beantwortet werden. Das „Geheimnis des Glaubens“ – es lässt mich vertrauen und schenkt mir Heimat. Nicht weil Glauben nur ohne meinen Verstand funktioniert – ganz im Gegenteil –, sondern weil mein Herz ein Zuhause gefunden hat.

Machen Sie sich auf den Weg zu dem Kind in Ihnen. Kommen Sie in Kontakt mit den Bedürfnissen und Schönheiten, die dieses Kind besitzt. Vielleicht sind es Gebete aus Ihrer Kindheit, die Ihre Eltern oder Großeltern am Essenstisch oder vor dem Schlafengehen mit Ihnen gebetet haben? Versorgen Sie Ihr Kind gut, trösten und schützen Sie es in der Gewissheit, dass der auf sie aufpasst, der die ganze Welt in seiner Hand hält.

Gib auf uns acht

Weißt Du wirklich, wie viele Sterne steh'n?
Und hast Du sie auch alle selbst gemacht?
Weißt wirklich, wie viele Menschen geh'n?
Und passt Du auf sie auf bei Tag und Nacht?

Ich weiß, Du hältst still Dein Versprechen
Du zählst die Tränen, Du schenkst Licht.
Kein's Deiner Worte wirst Du brechen
Drum wend ich mich wenn es Nacht wird,
voll Vertrau'n an Dich:

Gib auf uns acht, in dieser Nacht
Schütz uns vor Krankheit und Gefahr
Und halt ganz sacht – die gute Wacht
Wir sind bei Dir geborgen wunderbar.

Weißt Du wirklich wohin unsre Wege geh'n –
und reist Du selbst die Reise mit?
Lässt Du unsre Seelen nicht im Regen steh'n
und wirst Du so zu unserm wahren Glück?

Ich weiß, Du hältst still Dein Versprechen
Du zählst die Tränen, Du schenkst Licht.
Kein's Deiner Worte wirst Du brechen
Drum wend ich mich wenn es Nacht wird,
voll Vertrau'n an Dich:

Text und Melodie: Andi Weiss

Vita

Andi Weiss ist Liedermacher, Autor und Diakon einer evangelischen Kirchengemeinde in München. Als Moderator, Musiker oder Sprecher tritt er bei den unterschiedlichsten Veranstaltungen, auf Bühnen, im Radio, oder im Fernsehen auf. Viele kennen ihn durch sein Mitwirken bei ZDF-Fernsehgottesdiensten.
Die renommierte Hanns-Seidel-Stiftung zeichnete ihn mit dem „Nachwuchspreis für Songpoeten“ aus, im Jahr 2009 bekam er als „Bester Nationaler Künstler“ den christlichen Musikpreis DAVID zugesprochen. Gemeinsam mit seiner Frau Martina lebt Andi Weiss in München.
Mehr Informationen: www.andi-weiss.de

Andi Weiss engagiert sich für die Hilfsorganisation Opportunity International.
www.oid.org

Opportunity International